Sigm. Freud

Zur Auffassung der Aphasien - Eine kritische Studie

Sigm. Freud

Zur Auffassung der Aphasien - Eine kritische Studie

ISBN/EAN: 9783744600187

Hergestellt in Europa, USA, Kanada, Australien, Japan

Cover: Foto ©ninafisch / pixelio.de

Weitere Bücher finden Sie auf www.hansebooks.com

ZUR AUFFASSUNG DER APHASIEN.

EINE KRITISCHE STUDIE

VON

DR. SIGM. FREUD

PRIVATDOCENT FÜR NEUROPATHOLOGIE AN DER UNIVERSITÄT WIEN.

MIT 10 HOLZSCHNITTEN IM TEXTE.

LEIPZIG UND WIEN.
FRANZ DEUTICKE.
1891.

Alle Rechte vorbehalten.

HERRN

DR. JOSEF BREUER

IN FREUNDSCHAFTLICHER VEREHRUNG

GEWIDMET.

I.

Wenn ich, ohne über neue eigene Beobachtungen zu verfügen, ein Thema zu behandeln versuche, an welches bereits die besten Köpfe der deutschen und fremdländischen Neuropathologie, wie Wernicke, Kussmaul, Lichtheim und Grashey, Hughlings Jackson, Bastian und Ross, Charcot u. A., ihre Kraft gewendet haben, so thue ich wohl am besten, sogleich die wenigen Punkte des Problems zu bezeichnen, in deren Erörterung ich einen Fortschritt einzuleiten hoffe. Ich werde mich also bemühen zu zeigen, dass in der Lehre von der Aphasie, wie sie durch das Zusammenwirken der eben genannten Forscher geworden ist, zwei Annahmen enthalten sind, welche man besser durch andere ersetzen kann, oder welche zum mindesten vor diesen anderen Annahmen nichts Entscheidendes voraus haben. Die erste dieser Annahmen hat zum Inhalte die Unterscheidung von Aphasie durch Zerstörung der Centren von solcher durch Zerstörung der Leitungsbahnen; sie findet sich bei nahezu allen Autoren, welche über Aphasie geschrieben haben. Die zweite Annahme betrifft das gegenseitige Verhältniss der einzelnen für die Sprachfunctionen angenommenen Centren und findet sich hauptsächlich bei Wernicke und jenen Forschern, welche Wernicke's Gedankengang angenommen und weiter entwickelt haben. Da beide Hypothesen als bedeutsame Bestandtheile in der Wernicke'schen Lehre von der Aphasie enthalten sind, werde ich meine Einwände dagegen in Form einer Kritik dieser Lehre vorbringen. Da sie ferner in inniger

Beziehung zu jener Idee stehen, welche die gesammte neuere Neuropathologie durchdringt — ich meine die Beschränkung der Functionen des Nervensystems auf anatomisch bestimmbare Regionen desselben, die „Localisation" — so werde ich die Bedeutung des topischen Momentes überhaupt für das Verständniss der Aphasien in Erwägung ziehen müssen.

Ich greife also auf einen ruhmvollen Abschnitt in der Geschichte der Gehirnkenntniss zurück. Im Jahre 1861 theilte Broca[1]) der Société anatomique von Paris jene beiden Sectionsbefunde mit, aus denen er schliessen durfte, dass Läsion der dritten (oder ersten, wenn man von der Sylvi'schen Furche zu zählen beginnt) linken Frontalwindung völligen Verlust oder höchstgradige Einschränkung der articulirten Sprache — bei sonstiger Intactheit der Intelligenz und der anderen Sprachfunctionen — zur Folge hat. Die Einschränkung: bei Rechtshändern, kam später hinzu; dass der Widerspruch gegen Broca's Entdeckung niemals ganz verstummte, fand seinen berechtigten Grund darin, dass man vielfach geneigt war, auch die Umkehrung des von Broca ausgesprochenen Satzes gelten zu lassen und bei Verlust oder Schädigung der articulirten Sprache auf eine Läsion in der dritten linken Frontalwindung zu schliessen. Dreizehn Jahre später veröffentlichte Wernicke[2]) jene kleine Schrift, „Der aphasische Symptomencomplex, Breslau 1874," durch welche er ein — man möchte sagen unsterbliches Verdienst an seinen Namen geknüpft hat. Er beschrieb in derselben eine andere Art von Sprachstörung, welche das Gegenstück zur Broca'schen Aphasie darstellt, den Verlust des Sprachverständnisses bei erhaltener Fähigkeit, sich der articulirten Sprache zu bedienen, und erklärte diesen Functionsausfall durch eine von ihm vorgefundene Läsion in der ersten linken Temporalwindung. An diese Entdeckung Wernicke's musste sich die Hoffnung knüpfen, die vielfältige Dissociation des Sprachvermögens,

---

[1]) P. Broca, Sur le siége de la faculté du language articulé avec deux observations d'aphémie (perte de la parole) 1861.
[2]) Wernicke, Der aphasische Symptomencomplex. Breslau 1874.

welche die Klinik aufgezeigt hatte, auf ebensoviel gesonderte Läsionen im Centralorgan zurückzuführen. Wernicke that nur die ersten Schritte zur Lösung dieser Aufgabe; aber von der Erklärung der pathologischen Sprachstörung durch localisirte Gehirnerkrankung fand er den Weg zum Verständniss des physiologischen Sprachvorganges, der sich ihm — kurz gesagt — als ein cerebraler Reflex darstellte. Auf der Bahn des Hörnerven gelangen die Sprachklänge an eine Stelle im Schläfelappen, das sensorische Centrum der Sprache; von dort aus wird die Erregung auf die Broca'sche Stelle im Stirnlappen übertragen, das motorische Centrum, welches den Impuls zum articulirten Sprechen zur Peripherie entsendet.

Ueber die Art, wie die Wortklänge im Centrum enthalten sind, machte sich Wernicke nun eine ganz bestimmte Vorstellung, welche von principieller Bedeutung für die gesammte Localisationslehre ist.

Auf die Frage, wie weit man psychische Functionen localisiren dürfe, ertheilt er die Antwort, nur für die elementarsten Functionen sei dies gestattet. Eine Gesichtswahrnehmung darf an das centrale Ende des Opticus, eine Gehörswahrnehmung an den Ausbreitungsbezirk des Akusticus in der Hirnrinde verwiesen werden. Alles was darüber hinausgeht, die Verknüpfung verschiedener Vorstellungen zu einem Begriff u. dgl., ist eine Leistung der Associationssysteme, welche verschiedene Rindenstellen miteinander verbinden, also nicht mehr an eine Stelle der Rinde zu localisiren. Die Sinneserregungen aber, welche in die Hirnrinde gelangen, hinterlassen daselbst dauernde Eindrücke, welche Wernicke einzeln in je einer Zelle aufbewahrt werden lässt. „Die Hirnrinde mit ihren 600 Millionen Rindenkörpern nach Meynert's Schätzung bietet eine hinreichende Anzahl von Vorrathsstätten, in welchen die unzähligen von der Aussenwelt gelieferten Empfindungseindrücke ungestört nacheinander aufgespeichert werden können. Mit solchen Residuen abgelaufener Erregungen, die wir Erinnerungsbilder nennen wollen, ist die Hirnrinde bevölkert."

Solche Erinnerungsbilder der Sprachklänge liegen also in den Zellen des sensorischen Centrums in der ersten Temporalwindung eingeschlossen, während das Broca'sche Centrum die Erinnerungsbilder der Sprachbewegungen, die „Sprachbewegungsvorstellungen", birgt. Zerstörung des sensorischen Centrums bewirkt Verlust der Klangbilder und damit Unfähigkeit die Sprache zu verstehen — sensorische Aphasie, Worttaubheit; Zerstörung des motorischen Centrums raubt die Sprachbewegungsbilder und erzeugt so die Unmöglichkeit, die motorischen Hirnnervenkerne zur Hervorbringung der Sprachlaute zu innerviren — motorische Aphasie. Ausserdem sind aber motorisches und sensorisches Centrum der Sprache durch eine Associationsbahn mit einander verbunden, welche Wernicke nach den Ergebnissen anatomischer Untersuchung und nach klinischen Beobachtungen in die Region der Insel verlegt. Es ist nicht mit völliger Klarheit zu entnehmen, ob Wernicke diese Association ausschliesslich durch weisse Fasern oder auch durch Vermittelung der grauen Substanz der Insel geschehen lässt. Er spricht davon, dass von dem ganzen Bezirk der ersten Urwindung, welche die Sylvi'sche Furche umzieht, Fibrae propriae ausgehen, welche in der Inselrinde endigen, so dass die Insel „einer grossen Kreuzspinne ähnelt, welche die radiär von allen Bezirken der ersten Urwindung in sie einstrahlenden Faserungen in sich sammelt; dadurch entsteht, wie nirgends sonst im ganzen Centralorgane, der Eindruck eines wirklichen Centrums für irgend welche Functionen". Keinesfalls aber wird der Inselrinde eine andere Leistung von Wernicke zugeschrieben, als die der Association von „Wortklangbild" und „Wortbewegungsbild", welche an anderen Stellen der Hirnrinde localisirt sind: eine Leistung, wie man sie für gewöhnlich nur weissen Fasermassen zuweist. Auch die Zerstörung dieser Associationsbahn bedingt Sprachstörung, und zwar bei Erhaltung des Wortverständnisses und der Wortarticulation Paraphasie, d. h. Verwechslung der Worte und Unsicherheit in der Anwendung derselben. Diese Art der Sprachstörung stellt

Wernicke als „Leitungsaphasie" den beiden anderen „Centrumaphasien" gegenüber. (Fig. 1.)

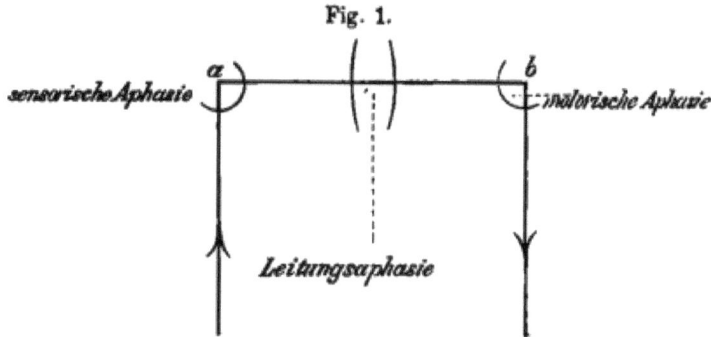

Fig. 1.

Ich entlehne den Arbeiten Wernicke's ein zweites, dem Gehirne eingeschriebenes Schema des Sprachvor-

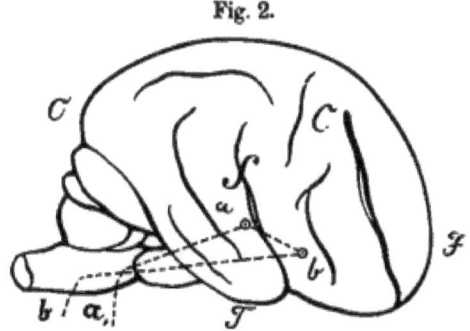

Fig. 2.

Fig. 3 in Wernicke, Der aphasische Symptomencomplex.
F das frontale, *O* das occipitale, *T* das temporale Ende eines schematisch gezeichneten Gehirns. *C* die Centralspalte, *S* der erste Urwindungsbogen um die fossa Sylvii herum. *a* das centrale Ende des Akusticus, a_1 dessen Eintrittsstelle in die Oblongata, *b* Ort der zur Lautproduction gehörigen Bewegungsvorstellungen, b_1 Austritt der centrifugalen Sprachbahn aus der Oblongata.

ganges, um nahe zu legen, in welchem Punkte dasselbe zur weiteren Ausarbeitung auffordern musste. (Fig. 2.)

Das Schema von Wernicke stellt nämlich blos den Sprachapparat ausser Beziehung zur übrigen Hirnthätigkeit dar, wie er bei der Thätigkeit des Nachsprechens in Betracht kommt. Berücksichtigt man die anderweitigen Verbindungen der Sprachcentren, welche für das spontane Sprechenkönnen unerlässlich sind, so muss sich eine complicirtere Darstellung des centralen Sprachapparates ergeben, welche aber Aussicht bietet, eine grössere Anzahl von Sprachstörungen durch Annahme von Läsionen an beschränkten Stellen zu erklären. Indem Lichtheim [1]) 1884 diesen Schritt in consequenter Weiterbildung des Wernicke'schen Gedankenganges unternahm, gelangte er zu dem Schema des Sprachapparates, welches ich hier einschalte. (Fig. 3.)

Fig. 3.

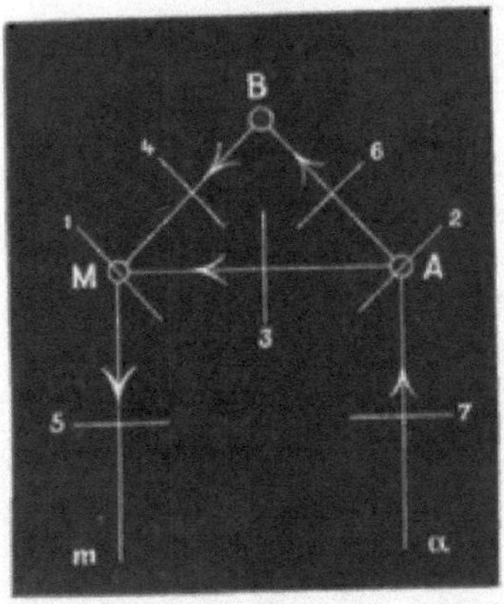

Fig. 1 in Lichtheim, On Aphasia. Brain VII, p. 436.

In demselben bedeuten M das motorische Sprachcentrum (die Broca'sche Stelle), *1* die durch Zerstörung desselben bedingte motorische Aphasie; A das akustische Sprachcentrum (die Wernicke'sche Stelle), *2* die durch Zerstörung derselben bedingte sensorische Aphasie. *3, 4, 5, 6* und *7* entsprechen Leitungsaphasien, *3* ist die von Wernicke aufgestellte Leitungsaphasie der Insel. Der Punkt B hat nicht denselben Werth im Schema wie A und M, welche anatomisch aufzeigbaren Regionen der Hirnrinde entsprechen, er soll vielmehr blos eine schematische Vertretung der unzähligen Rindenstellen geben, von denen aus der Sprachapparat in Thätigkeit versetzt werden kann. Auch ist von einer Sprachstörung durch Läsion dieses Punktes keine Rede.

---

[1]) Lichtheim. Ueber Aphasie. Deutsch. Arch. f. klin. Med. Bd. 36. — On Aphasia. Brain, Jan. 1885.

Lichtheim unterschied die durch sein Schema gegebenen sieben Formen von Sprachstörung als Kernaphasien *(1, 2)*, periphere Leitungsaphasien *(5, 7)* und centrale Leitungsaphasien *(3, 4, 6)*. Wernicke[1]) hat diese Nomenclatur später durch eine andere ersetzt, welche gleichfalls nicht ohne Mängel ist, aber den Vorzug hat, zu allgemeiner Annahme gelangt zu sein. Wenn wir also letzterer folgen, müssen wir die Lichtheim'schen sieben Formen der Sprachstörung folgendermassen benennen und charakterisiren:

1. Die corticale motorische Aphasie. Das Sprachverständniss ist erhalten, der Wortschatz aber aufgehoben oder auf wenige Worte beschränkt. Spontansprechen und Nachsprechen sind gleich unmöglich. Diese Form deckt sich mit der altbekannten Broca'schen Aphasie.

5. Die subcorticale motorische Aphasie. Dieselbe unterscheidet sich von der vorigen nur in einem Punkte (Erhaltung des Schreibvermögens), sowie angeblich durch eine andere — später zu erwähnende — Eigenthümlichkeit.

4. Die transcorticale motorische Aphasie. Bei dieser Form kann nicht spontan gesprochen werden, aber das Vermögen, Gehörtes nachzusprechen, ist erhalten und ergibt eine seltsame Dissociation des motorischen Antheils der Sprache.

2. Die corticale sensorische Aphasie. Der Kranke versteht nicht, was zu ihm gesprochen wird, kann es auch nicht nachsprechen, spricht aber spontan mit unbeschränktem Wortschatz. Dass seine spontane Sprache doch nicht intact ist, sondern „Paraphasie" zeigt, ist eine Thatsache von weittragender Bedeutung, die später gewürdigt werden soll (Wernicke'sche Aphasie).

7. Die subcorticale sensorische Aphasie. Dieselbe unterscheidet sich von der vorigen durch das Fehlen der Paraphasie beim Sprechen.

---

[1]) Wernicke, Die neueren Arbeiten über Aphasie. Fortschritte d. Medicin 1885, pag. 824; 1886, pag. 371, 463.

6. Die transcorticale sensorische Aphasie.
Diese Form bietet die unerwartetste Trennung der Sprachfähigkeit, die sich aber nothwendig aus dem Lichtheimschen Schema ableiten lässt. Der Kranke spricht spontan paraphasisch, ist im Stande nachzusprechen, versteht aber nicht, was zu ihm gesprochen wird, und was er selbst nachspricht.

3. Die Leitungsaphasie Wernicke's. Dieselbe zeichnet sich durch Paraphasie bei sonst negativen Charakteren aus.

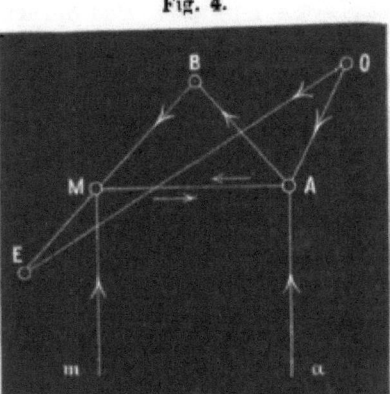

Fig. 4.

Fig. 2 in Lichtheim, On Aphasia p. 437. In derselben bedeutet *O* das visuelle, *E* das Schreibcentrum. Auf p. 443 gibt Lichtheim ein anderes Schema, welches *E* in directer Verbindung mit *A* und *O* anstatt mit *M* und *O* zeigt.

Ich setze noch ein anders Schema Lichtheim's hierher, in welchem der Autor durch die Annahme eines visuellen und eines Schreibcentrums sowie deren Verbindungen, den zu Aphasie gehörigen Störungen der Schriftsprache gerecht zu werden versucht. (Fig. 4.) Indes hat erst Wernicke in einer späteren Arbeit (Die neueren Arbeiten über Aphasie, Fortschritte der Medicin 1885 bis 1886) diese Aufgabe nach dem von Lichtheim gegebenen Beispiel vollends erledigt.

Wenn man erfährt, dass Lichtheim alle Formen von Dissociation der Sprachfähigkeit, welche sich aus seinem Schema ergeben, durch wirklich beobachtete Fälle — wenn auch in geringer Anzahl — belegt hat, wird man den grossen Beifall, den Lichtheim's Auffassung der Aphasie fand, gewiss nicht für unberechtigt erklären. Lichtheim's Schema war auf deductivem Wege entstanden, es führte zu überraschenden und bis dahin nicht beobachteten Formen von Sprachdissociation, und wenn es nachträglich gelungen war, diese construirten Formen durch Beobachtung zu bestätigen, so musste dies als eine vollgiltige Probe für die Berechtigung der Lichtheim'schen Voraussetzungen erscheinen. Es' ist auch kein Vorwurf gegen dasselbe, wenn man hervorhebt, dass Lichtheim's Schema nicht in dem nämlichen Sinne verstanden werden darf wie Wernicke's. Letzteres lässt sich sozusagen dem Gehirne einschreiben, die Lage der darin enthaltenen Centren und Bahnen ist anatomisch verificirt; Lichtheim's Schema fügt neue Bahnen hinzu, deren anatomische Kenntniss uns noch abgeht. Es ist darum z. B. nicht anzugeben, ob die Lichtheim'schen Centren und Bahnen so auseinanderliegen, wie sie dargestellt sind, ob nicht vielmehr eine „innere" und „äussere" Leitungsbahn eines Centrums für eine lange Strecke zusammenfallen, was für die Physiologie der Sprachfunction absolut gleichgiltig, für die Pathologie des Sprachbezirkes in der Rinde sehr bedeutsam sein müsste. Beruhte die Darstellung Lichtheim's auf neuen anatomischen Befunden, so wäre eben ein weiterer Einspruch nicht möglich und die Mehrzahl der später anzuführenden Bemerkungen erledigt.

Etwas schwerer fällt es ins Gewicht, dass sich bei der Einreihung der wirklich vorkommenden Sprachstörungen unter das Lichtheim'sche Schema regelmässig Schwierigkeiten ergeben, weil man meist die einzelnen Sprachfunctionen in verschiedenem Grade geschädigt findet, anstatt dass die eine gänzlich aufgehoben, die andere ungeschädigt sei. Ferner dass die Leichtigkeit, mit der man Sprachstörungen, die sich aus einer einzigen Unterbrechung im Schema nicht erklären, auf combinirte Läsionen zurückführen kann, der Willkür in den Erklärungsversuchen zu weiten Spielraum lässt. Aber während dies Mängel sind, die jedem Schematisiren mehr oder minder anhaften, lässt sich an das Lichtheim'sche Schema speciell eine andere Anforderung stellen, der es thatsächlich nicht zu genügen scheint; es muss nämlich seiner Natur nach den Anspruch auf Vollständigkeit erheben, die Unterbringung einer jeden beobachteten Form von Sprachstörung ermöglichen wollen. Nun war bereits Lichtheim ein häufiger Fall bekannt, dessen Erklärung er aus seinem Schema nicht geben konnte, das Zusammentreffen von motorischer Aphasie mit Schriftblindheit (Alexie), das doch zu häufig ist, um durch das zufällige Zusammentreffen zweier Unterbrechungen erledigt zu werden. Lichtheim machte zur Aufklärung dieses Symptomcomplexes die Annahme, dass es sich hierbei um Fälle von vollständigem Verlust aller Sprachfunctionen handle, bei denen die am leichtesten rückgängige Störung, nämlich die Worttaubheit, bereits überwunden sei, so dass in diesem Stadium nur die anderen Hauptstörungen: motorische Aphasie und Schriftblindheit, erübrigten. Aber diese Erklärung scheint nicht zuzutreffen, denn Kahler[1]) hat späterhin einen Fall rasch vorübergehender Aphasie berichtet, in welchem der Kranke nach seiner Genesung versicherte, er habe nicht sprechen können, nur „gemeckert", und nicht lesen können, weil ihm die Buchstaben wie „verschmiert" erschienen seien, habe aber alles verstanden, was man zu ihm gesprochen habe. Solche und ähnliche Erfahrungen mögen einen der besonnensten deutschen Neurologen, Eisenlohr,[2]) dazu veranlasst haben, dem Lichtheim'schen Schema der Aphasie doch nur einen „vorwiegend didaktischen" Werth zuzugestehen.

II.

Die Anschauung, dass die in der Klinik beobachteten Sprachstörungen, insoferne sie überhaupt eine anatomische Begründung haben, von Unterbrechung der Sprachcentren oder

---

[1] Kahler, Casuistische Beiträge zur Lehre von der Aphasie. Prager med. W., Nr. 16 und 17, 1885.

[2] Eisenlohr, Beiträge zur Lehre von der Aphasie. Deutsche med. W., Nr. 36, 1889.

von Zerstörung der Sprachassociationsbahnen herrühren, dass man also ein Recht habe, Centrumaphasie von Leitungsaphasie zu unterscheiden, ist seit Wernicke von allen Autoren ausdrücklich oder stillschweigend angenommen worden. Es verlohnt sich wohl, diese Unterscheidung genauer auf ihre Berechtigung zu prüfen, da sie mit einer principiell so wichtigen Auffassung von der Rolle der Centren in der Hirnrinde und von der Localisation psychischer Functionen, wie oben nach Wernicke erörtert wurde, zusammenhängt.

Wer sich den angenommenen Unterschied zwischen einem „Sprachcentrum" und einer blossen Verbindungsbahn (die aus einem Bündel weisser Fasern besteht) klar macht, wird erwarten müssen, dass durch die Zerstörung eines Centrums eine weit schwerere Functionsstörung entstehen müsse, als durch die Unterbrechung einer Leitung. Diese Erwartung scheint sich aus der Darstellung Wernicke's zu bestätigen. Wernicke's Leitungsaphasie durch Unterbrechung der Bahn $a\,b$ in Fig. 1 kennzeichnet sich blos durch Verwechslung der Worte beim Sprechen bei erhaltener Verfügung über den Wortschatz und bei erhaltenem Wortverständniss, ergibt also in der That ein viel leichteres Krankheitsbild als die durch Zerstörung der Sprachcentren a und b bedingte motorische und sensorische Aphasie.

Es hat aber mit der Wernicke'schen Leitungsaphasie eine besondere Bewandtniss. Die ihr zugeschriebene Functionsstörung lässt sich nämlich nicht aus dem Schema Wernicke's ableiten. Wernicke gibt an, bei Unterbrechung der Bahn a—b entstehe Paraphasie; fragen wir uns aber, welches die zu erwartende Folge dieser Bahnunterbrechung sein müsste, so lautet die Antwort: Auf der Bahn von a—b ist das Sprechen erlernt worden, das in der Reproduction eines aufgenommenen Wortklanges besteht; die Aufgabe dieser Bahn ist das Nachsprechen; die Folge ihrer Unterbrechung müsste sein, dass das Nachsprechen bei erhaltenem spontanen Sprechen und erhaltenem Wortverständniss unmöglich geworden ist. Nun wird aber Jedermann zugeben, dass eine solche Dissociation des Sprachvermögens noch niemals beobachtet worden ist, und keine Wahrscheinlichkeit hat, jemals zur Beobachtung zu kommen. Die Fähigkeit des Nachsprechens geht niemals verloren, wenn das Sprechen und das Verstehen erhalten sind, sie fehlt nur 1. wenn überhaupt nicht gesprochen werden kann, oder 2. wenn das Worthören gestört ist. Mir ist nur ein einziger Fall bekannt, in dem das spontane Sprechen nicht auch vom Nachsprechenkönnen begleitet ist. Es gibt nämlich motorisch Aphasische, die gelegentlich einen Fluch oder ein complicirtes Wort, das sich sonst nicht unter ihren „Sprachresten" findet, vorbringen können (Hughlings Jackson [1]). Fordert man solche Kranke auf, das eben spontan Vorgebrachte nachzusagen, so gelingt es ihnen nicht. Hier liegt aber ein ganz anderer Fall vor; es gelingt den Kranken auch nicht, diese einmalige Bereicherung ihres Sprachschatzes spontan zu wiederholen. Wir werden späterhin aus der unzweifelhaften Thatsache, dass es keine isolirte Aufhebung des Nachsprechens gibt, dass das Nachsprechen (bei intactem Wortverständniss) immer gelingt, wenn das spontane Sprechen möglich ist, einen sehr wichtigen Schluss ziehen, nämlich dass die Bahn, auf der gesprochen wird, identisch ist mit der, auf welcher nachgesprochen wird.

Wir dürfen also sagen, die Wernicke'sche Leitungsaphasie besteht nicht, weil eine Form von Sprachstörung, welche ihre Charaktere haben müsste, nicht aufgefunden werden kann. Wernicke verlegte diese Sprachstörung in die Inselregion; Erkrankung der Insel muss also eine andere Form von Sprachstörung erzeugen. In der That finde ich in der vorzüglichen Darstellung der Aphasie bei Bastian [2])

---

[1] Hughlings Jackson, On affections of speech from diseases of the brain. Brain I und II, 1878—80.

[2] Charlton Bastian, On different kinds of Aphasia. British Medical Journal, Oct. 29. u. Nov. 5. 1887.
— Brain as an organ of Mind 1880. Internat. wissensch. Bibliothek. Bd. 52 u. 53. (Auch deutsch u. französisch.)

die sicher auftretende Angabe, dass Erkrankung der Insel typische motorische Aphasie bedingt. Die Frage der Inselaphasie, die für alle unsere Erörterungen von grosser Bedeutung wäre, ist leider durch die bis heute vorliegenden Erfahrungen nicht geklärt. Meynert,[1]) de Boyer,[2]) Wernicke[3]) selbst u. A. halten daran fest, dass die Insel zum Sprachbezirk gehöre, während Charcot's Schüler (Bernard[4]) von einer solchen Beziehung der Insel nichts wissen wollen. Aus der 1887 vorgenommenen Zusammenstellung von Naunyn[5]) hat sich nichts Entscheidendes für diese Frage ergeben. Wenn auch eine überwiegende Wahrscheinlichkeit dafür spricht, dass Erkrankung der Insel nicht blos der anatomischen Contiguität wegen Sprachstörung macht, so lässt sich doch in keiner Weise angeben, ob dieser Sprachstörung eine bestimmte Form und welche Form ihr zukommt.[6])

Wir behalten es einer späteren Erörterung vor, welche Bedeutung das Symptom der Paraphasie (Wortverwechslung) beanspruchen kann, und wieso Wernicke dazu gelangte, es als charakteristisch für eine Unterbrechung zwischen a und b hinzustellen. An dieser Stelle sei nur erwähnt, dass die bei Kranken beobachtete Paraphasie sich in nichts von derjenigen Wortverwechslung und Wortverstümmlung unterscheidet, die der Gesunde bei Ermüdung, bei getheilter Aufmerksamkeit, beim Einfluss störender Affecte an sich

---

[1]) Meynert, Oest. Zeitsch. f. prakt. Heilkunde XIII.
[2]) de Boyer, Etudes cliniques sur les lésions corticales. Paris 1879.
[3]) In seiner ersterwähnten Arbeit.
[4]) Bernard, De l'aphasie et de ses diverses formes. Paris 1885.
[5]) Naunyn, Ueber die Localisation der Gehirnkrankheiten. Correfera in den Verhandlungen des IV. Congresses für innere Medicin zu Wiesbaden 1887.
[6]) Ch. Bastian (On different kinds of aphasia, 1887) ist geneigt, das zuerst von Grasset beschriebene Zusammentreffen von Aphasie mit Hemianästhesie durch die Nachbarschaft zu erklären, in welcher sich die durch die Insel ziehenden Commissuren zwischen Broca'scher und Wernicke'scher Stelle zum hinteren (sensibeln) Drittel des hinteren Schenkels der inneren Kapsel befinden.

beobachten kann, durch die z. B. unsere Vortragenden uns so häufig das Zuhören peinlich machen. Es liegt nahe, die Paraphasie im weitesten Umfange für ein rein functionelles Symptom, für ein Zeichen minder exacter Leistungsfähigkeit des Sprachassociationsapparates anzusehen. Dies schliesst nicht aus, dass sie nicht in exquisitester Weise als organisches Herdsymptom auftreten könnte. Allein ein verdienstvoller Autor, Allen Starr,[1]) hat sich die Mühe genommen, den anatomischen Begründungen der Paraphasie nachzuspüren. Er gelangt zum Schluss, dass Paraphasie durch Läsionen an sehr verschiedenen Regionen erzeugt werden kann. Es war ihm selbst unmöglich, eine constante pathologische Verschiedenheit zwischen den Fällen sensorischer Aphasie mit und ohne Paraphasie aufzufinden.

Man könnte den Einwand erheben, dass die vorstehende Kritik der Wernicke'schen Leitungsaphasie unberechtigt sei, weil sie eine Möglichkeit nicht vorgesehen habe. Die Unmöglichkeit des Nachsprechens brauche bei derselben nicht vorzukommen, weil das gehörte Wort, das nicht direct auf das motorische Centrum b übertragen werden kann, auf dem Umwege durchs „Verständniss" nachgesprochen wird. Die Verbindungsbahn ABM (Fig. 3) würde anstatt der unterbrochenen Bahn AM, auf der das Nachsprechen sonst vor sich geht, eintreten. Wenn dieser Umweg wirklich gangbar ist, wäre die Leitungsaphasie zu charakterisiren als ein Zustand, bei dem Sprachverständniss und spontanes Sprechen erhalten, Nachsprechen von verständlichen Worten gleichfalls erhalten, Nachsprechen von unverstandenen Worten, z. B. einer fremden Sprache, aber aufgehoben ist. Auch dieser Symptomencomplex ist noch nicht beobachtet, allerdings auch noch nicht gesucht worden. Es wäre möglich, dass er sich gelegentlich verwirklicht findet.

Indem wir die Zulässigkeit dieses Ausweges anerkennen, gelangen wir aber zu einer zweiten Erwartung, welche an die strengste Sonderung von Sprachcentren und deren

---

[1]) Allen Starr, The pathology of sensory aphasia, with an analysis of fifty cases, in which Broca's centre was not diseased. Brain, XII. 1889.

Associationsbahnen zu knüpfen wäre. Die Zerstörung eines Centrums schafft natürlicherweise einen unersetzlichen Ausfall von Function; wenn aber nur eine Leitungsbahn unterbrochen ist, sollte es möglich sein, das intacte Centrum auf einem Umwege über erhaltene Leitungsbahnen anzuregen und dessen Erinnerungsbilder dennoch der Function dienstbar zu machen. Suchen wir nach einem Falle, in dem sich eine solche Verschiedenheit der Ausgleichung von Sprachstörungen zeigen kann, so ergibt sich uns zunächst ein Beispiel, dessen Erörterung für die gesammte Auffassung der Aphasie überhaupt von höchster Bedeutung ist.

Es gibt Fälle von Verlust des Wortverständnisses (Worttaubheit) ohne Störung des spontanen Sprechens. Dieselben sind selten, aber sie kommen vor, und man darf behaupten, dass die Lehre von der Aphasie eine andere Entwickelung genommen hätte, wenn Wernicke's erste Beispiele von sensorischer Aphasie von dieser Art gewesen wären. Dies traf aber nicht zu; Wernicke's Fälle von sensorischer Aphasie zeigten wie die meisten später beobachteten auch eine Störung des sprachlichen Ausdruckes, die wir vorläufig mit dem Entdecker der sensorischen Aphasie als Paraphasie bezeichnen wollen. Ein solche Sprachstörung erklärte sich natürlich aus dem Schema Wernicke's nicht, denn diesem zufolge sind die Wortbewegungsbilder intact, die Wege, die von den Begriffen zu ihnen führen, gleichfalls intact; wenn also gesprochen wird, ist kein Grund einzusehen, warum nicht auch correct gesprochen wird. Wernicke musste sich also zur Erklärung der Paraphasie bei rein sensorischer Aphasie auf ein functionelles, nicht aus dem Schema ersichtliches Moment stützen. Er erinnerte daran, dass die Bahn $a-b$[1]) diejenige sei, auf der das Sprechen erlernt wurde. Später wird auf directem Wege vom Begriffe aus gesprochen, aber die Bahn $a-b$ behält noch eine gewisse Bedeutung für die Sprache; sie wird jedesmal beim Spontansprechen mitinnervirt und übt dadurch eine fortwährende Correctur auf den Ablauf

---

[1]) oder AM nach Figur 3.

der Bewegungsvorstellungen aus. Wegfall dieser Nebeninnervation von $a-b$ bewirkt Paraphasie. Wernicke's Vorstellungen über diesen schwierigen Punkt sind keineswegs klar, wie mir scheint, nicht einmal consequent. Denn eine Stelle weiter meint er (pag. 23 l. c.), das blosse Bestehen der Bahn $a-b$ ohne intendirte Innervation derselben, genüge schon, um die Auswahl der richtigen Bewegungsvorstellung zu sichern. Wie es zugehen kann, dass der blosse Bestand dieser Bahn, auch wenn sie nicht mitinnervirt wird, diese mächtige Einwirkung auf den motorischen Vorgang beim Sprechen äussern kann, oder wie, wenn sie eine collaterale Innervation beim Sprechen empfängt, diese sich äussern kann, ob das Centrum b erst dann den Articulationsimpuls aussendet, wenn die Erregung vom Centrum a her angekommen ist, ob es vielmehr früher zu sprechen beginnt, Fehler macht und diese vermittelst der Erregung vom Wortklangscentrum her corrigirt; über all dieses kann ich mir nach Wernicke's Darstellung keine anschauliche und widerspruchsfreie Vorstellung machen. Lichtheim hat diesen Mangel des Erklärungsversuches von Wernicke wohl gefühlt, denn er fasst die Bedingung zur Vermeidung der Paraphasie weit schärfer. Es genüge hiefür nicht, dass die Wortklangbilder intact seien, sie müssten auch durch die Bahn $a-b$ in Verbindung mit den Wortbewegungsbildern treten. Ein Schritt weiter hätte Lichtheim zur Annahme geführt, dass überhaupt nur auf dem Wege über die Klangbilder und die Bahn AM gesprochen wird. Denn der Einfluss von A auf dem Wege $A-M$ ist offenbar unnütz, wenn er erst anlangt, nachdem von M aus bereits gesprochen wurde; es wird also nicht eher gesprochen, als bis diese Erregung in M eingetroffen ist, und nun lösen sich alle Schwierigkeiten befriedigend, wenn wir die überflüssige Annahme weglassen: es bedürfe zum Sprechen noch einer besonderen Erregung von M vom Begriffe her.

Wie dem aber immer sein möge, wir wollen darauf zurückkommen, dass bei der sensorischen Aphasie (Zerstörung von A) das spontane Sprechen nach Wernicke und Lichtheim paraphasisch wird, weil die eine Correctur übenden Klangbilder in A zerstört sind. Nun sollte man erwarten, dass sich ein klinischer Unterschied ergibt, wenn diese so wichtigen Klangbilder nicht zerstört, sondern blos die sie mit M verbindende Bahn unterbrochen ist. Wir würden in einem solchen Unterschied einen Beweis erblicken müssen, dass Centrum und Leitungsbahnen wirklich verschiedene Bedeutung haben, dass Vorstellungen nur in ersterem und nicht auch in letzteren enthalten sind. Die erhaltenen Klangbilder würden ihren Einfluss auf das Sprechen auf dem Umwege über die „Begriffscentren" äussern, wie wir es vorhin bei der Ermöglichung des Nachsprechens erläutert haben. Nun liegt der Fall, dass das Centrum erhalten, die Leitungsbahn aber unterbrochen ist, bei der Leitungsaphasie Wernicke's vor, auf die wir hiermit wieder zurückkommen, und es zeigt sich, dass ein solcher Umweg nicht eingeschlagen wird. Die Unterbrechung von $A-M$ hat dieselbe Folge, wie die Zerstörung von A selbst, nämlich Paraphasie beim spontanen Sprechen.

Die Leitungsaphasie Wernicke's selbst erweist sich aber hierdurch von Neuem als unhaltbar. Denn, wenn wir annehmen, dass die Unterbrechung der Bahn $a-b$ $(A-M)$ nicht durch einen Umweg der Innervation wettgemacht werden kann, müsste sie Unfähigkeit des Nachsprechens, und wenn wir diesen Umweg zulassen, dürfte sie auch nicht einmal Paraphasie ergeben.

Auch die Betrachtung der anderen von Lichtheim aufgestellten Leitungsaphasien, sowie der nicht centralen Störungen des Lesens und Schreibens führt zu dem Schlusse: Die Zerstörung eines sogenannten Centrums kennzeichnet sich blos durch gleichzeitige Unterbrechung mehrerer Bahnen, und jede solche Annahme kann durch die Annahme der Läsion mehrerer Leitungsbahnen ersetzt werden, ohne dass hierbei die Rücksichtnahme auf die besondere

Localisation psychischer Functionen in den Centren vermisst wird. Da ich mich mit der Forderung — die den Centren der Sprache zugeschriebene, besondere psychische Dignität müsste sich auch durch irgend etwas in der Klinik der Sprachstörungen verrathen — ziemlich isolirt weiss, will ich nicht unterlassen anzuführen, dass Watteville[1]) in einem kleinen, aber inhaltsreichen Aufsatze einen sehr ähnlichen Gedankengang vorgebracht hat. „Wir haben uns die Vorstellung gemacht," sagt dieser Autor, „dass diese Centren Vorrathsstätten sind, an denen die verschiedenartigen motorischen wie sensorischen Erinnerungsbilder aufbewahrt werden. Andererseits dürfen wir das physiologische Substrat der Seelenthätigkeit nicht in der Function dieses oder jenes Gehirntheiles suchen, sondern als Resultirende von weit über das Gehirn verbreiteten Processen auffassen. Aus diesen beiden Voraussetzungen lässt sich folgern, dass Läsionen, deren Symptomatologie sonst keine erheblichen Unterschiede erkennen lässt, doch in Bezug auf ihre psychische Bedeutung sich sehr verschieden verhalten müssen. Nehmen wir je zwei Fälle von motorischer Aphasie, von denen der eine durch Zerstörung des Broca'schen Centrums selbst, der andere durch Unterbrechung des von ihm ausgehenden centrifugalen Bündels bedingt ist. Im ersten Falle hat der Kranke die Verfügung über die Wortbewegungsbilder verloren, im zweiten Falle ist dieselbe erhalten. Nun hat man ja die Wirkung der Aphasie auf die Intelligenz so häufig erörtert und ist trotz guter Beobachtungen auf beiden Seiten zu so entgegengesetzten Resultaten gekommen. Sollte die Lösung dieses scheinbaren Widerspruches nicht in dem von uns berührten Verhältnisse liegen? . . . . . Es scheint uns also berechtigt anzunehmen, dass bei centraler Läsion der Sprache der Kranke auch eine intellectuelle Schädigung erfahren haben muss, während dies bei einer

---

[1]) de Watteville, Note sur la cécité verbale. Progrès médical, 21. März 1885.

Läsion der Leitungsbahnen nicht der Fall zu sein braucht...."

Ich glaube nicht, dass bereits jemand sich der Mühe unterzogen hat, die von Watteville angedeutete Art der Prüfung durchzuführen; ich habe nur den Eindruck, als würde sich der erwartete Zusammenhang einer stärkeren intellectuellen Schädigung mit einer „centralen" Aphasie im Gegensatze zu einer Leitungsaphasie nicht herausstellen.

III.

Während wir uns herauszufinden bemühten, welche Verhältnisse in der klinischen Erscheinung der Sprachstörungen die behauptete psychische Bedeutung der Sprachcentren bestätigen, und zu diesem Zwecke die Leitungsaphasie Wernicke's einer kritischen Beleuchtung unterzogen, sind wir auf Thatsachen gestossen, welche Zweifel an der Richtigkeit eines wesentlich auf Localisation beruhenden Schemas überhaupt in uns erregen mussten. Man thut nicht Unrecht, wenn man das Wernicke-Lichtheim'sche Schema als ein solches bezeichnet; doch muss man daran erinnern, dass beide Autoren ausserdem functionelle Momente ohne Bedenken zur Erklärung der Sprachstörungen heranziehen. Eine Darstellung, welche die beobachteten Sprachstörungen ausschliesslich durch die verschiedene Localisation von destructiven Läsionen erklären wollte, müsste sich auf die Annahme einer Anzahl von Centren und Leitungsbahnen beschränken, welche unabhängig voneinander functioniren und mit gleicher Leichtigkeit durch Läsionen ausser Thätigkeit gesetzt werden. Wie wir gehört haben, haben Wernicke und Lichtheim aber nicht vermeiden können, die Function des motorischen Centrums M nicht nur an dessen anatomische Integrität, sondern auch an die Erhaltung von dessen Verbindung mit dem sensorischen Centrum A zu knüpfen. Ja, Licht-

heim hat einen überraschenden Fund gemacht, dessen
Bestätigung die Bedeutung des Momentes der Localisation
noch tiefer herabdrücken würde. Er hat sich die Frage
gestellt, ob motorisch aphasische Personen über die sogenannte „innere Sprache", das Erklingenlassen der Worte,
welche sie nicht aussprechen können, verfügen. Er liess
sich darum z. B. so oft von dem Kranken die Hand drücken,
als das verlangte Wort Silben enthielt, und fand, dass die
Kranken nicht im Stande waren, auf diese Art ihre Kenntniss
des Wortes zu beweisen. Es ist klar, dass eine solche
Thatsache nicht ohne den tiefgreifendsten Einfluss auf
unsere Vorstellungen vom Sprachvorgang bleiben könnte,
denn das Centrum A ist ja intact, dessen Verbindungen
mit der übrigen Rinde unversehrt, eine Läsion besteht
nur vom sensorischen Theil des Sprachapparates weit
entfernt in M, dem Centrum der Wortbewegungsvorstellungen, und doch kann der Kranke wegen des Bestandes einer umschriebenen Läsion in der dritten Frontalwindung die im Temporallappen enthaltenen Wortklänge
nicht von seiner sonstigen Hirnthätigkeit (etwa von den
optischen Wahrnehmungen) her erregen.

Leider ist diese Thatsache, welche den Eckstein einer
neuen Theorie der Sprachstörungen bilden müsste, noch nicht
sichergestellt. Man kann zunächst einen Einwand gegen die
Art richten, wie Lichtheim sie erweisen wollte. Er prüfte
die Verfügung über die Wortklänge daran, ob die Kranken
im Stande waren, die Silbenanzahl der gesuchten Worte anzugeben; man kann aber vermuthen, dass diese Kranken
gewohnt waren, diese Silbenzahl nur auf dem Wege einer
Uebertragung des Klanges auf die motorische Sprachbahn
zu finden; das Prüfungsmittel wäre also ungeeignet gewesen,
weil es geradezu die Erhaltung der Bahn voraussetzt, welche
bei motorischer Aphasie zerstört ist. Ein Einwand, den
Wysman[1]) gegen die Richtigkeit der Lichtheim'schen

---

[1]) Wysman, Aphasie und verwandte Zustände. Deutsch Arch. f. klin. Med. Bd. 47.

Probe erhebt, fällt, glaube ich, mit dem meinigen zusammen. Die Sache hat aber noch ein anderes Bedenken. Lichtheim berichtet, dass er seine Probe an Fällen unzweifelhaft motorischer (corticaler) Aphasie (Zerstörung von M) nicht anwenden konnte, weil er reine Fälle dieser Art in letzter Zeit nicht zur Verfügung hatte. Er theilt blos einen Fall sogenannter **transcorticaler** motorischer Aphasie mit, bei dem diese Probe einen negativen Erfolg ergab, obwohl ja hier nicht einmal das Centrum M, sondern blos dessen Verbindungen MB als zerstört angenommen wurden. Ich werde aber späterhin zeigen, dass diese Fälle von sogenannter transcorticaler motorischer Aphasie eine andere Auffassung erfordern, mit welcher sich die Unkenntniss der Klangbilder besser verträgt. Somit erscheint mir die Frage noch als völlig unerledigt, ob bei motorischer Aphasie die Verfügung über die Klangbilder erhalten oder aufgehoben ist. Ich würde aber auch keine Theorie der Aphasie aufstellen wollen, ehe ich über diesen Punkt sicheren Bescheid wüsste.

Kehren wir nun zu den beiden anderen Argumenten zurück, auf Grund deren wir die functionelle Unabhängigkeit des Centrums M bestreiten müssen. 1. Bestünde eine Verbindung des Centrums M mit B (Bahn für das spontane Sprechen), welche von der Verbindung mit A (der Bahn, welche das Nachsprechen und das correcte Sprechen ermöglicht) verschieden ist, so müssten wir Störungen des Nachsprechens finden ohne entsprechende Störungen der spontanen Sprache. Wir haben ausführlich auseinandergesetzt, dass dies nicht der Fall ist. Wir schliessen daher, dass diese beiden Bahnen zusammenfallen. 2. Wir haben gehört, dass eine Läsion im Centrum A oder in der Bahn AM eine Sprachstörung macht, welche Wernicke und Lichtheim genöthigt hat, functionelle Momente zur Erklärung heranzuziehen, ohne doch dadurch die Grundthatsache, das Vorkommen von Sprachstörung bei sensorischer Aphasie, befriedigend aufzuklären. Auch diese Schwierigkeit fällt weg, wenn man annimmt, es bestehe nur die Bahn AM und es werde spontan nur über die

Klangbilder gesprochen. Diese Annahme liegt um so näher, als ja die Bahn *AM* unzweifelhaft die erste war, auf der das Kind sprechen gelernt hat. Wernicke nimmt zwar an, wenn das Sprechen auf dieser Bahn genügend eingeübt sei, bilde sich eine andere directere, welche die Klangbilder umgehe, allein es ist nicht einzusehen, auf welche Weise die für die eine Bahn erworbene Uebung dazu führen soll, den eingeübten Weg zu verlassen und einen neuen einzuschlagen. Fast alle früheren Autoren mit Einschluss von Kussmaul[1]) haben daran festgehalten, dass das spontane Sprechen auf demselben Wege wie das Nachsprechen über die Klangbilder vor sich gehe, und von den neueren ist Grashey[2]) zu dieser Annahme zurückgekehrt. Ich habe auch in der sonst so durchsichtigen Darstellung Lichtheim's nie die Auseinandersetzung verstehen können, in welcher dieser Autor seine Behauptung einer directen motorischen Sprachbahn gegen Kussmaul vertheidigt.

Wenn wir die Bahn für das spontane Sprechen über das sensorische Centrum *A* gehen lassen, gewinnt natürlich die Sprachstörung bei sensorischer Läsion für uns ein besonderes Interesse. In der That gewinnen wir den Eindruck, als ob Wernicke und Lichtheim derselben durch die Bezeichnung einer „Paraphasie" keine volle Würdigung hätten widerfahren lassen. Unter Paraphasie müssen wir eine Sprachstörung verstehen, bei welcher das passende Wort durch ein unpassenderes ersetzt wird, welches aber immer eine gewisse Beziehung zum richtigen Worte einhält. Diese Beziehungen können wir mit Anlehnung an die Ausführungen eines Philologen Delbrück[3]) etwa folgendermassen schildern: Es gehört der Paraphasie an, wenn der Sprechende Worte füreinander setzt, die dem Sinne nach ähnlich oder durch häufige Association miteinander ver-

---

[1]) Kussmaul, Die Störungen der Sprache. 1877.
[2]) Grashey, Ueber Aphasie und ihre Beziehungen zur Wahrnehmung. Archiv f. Psychiatrie XVI, 1835.
[3]) Delbrück, Amnestische Aphasie. Jena'sche Zeitschr. f. Naturw. XX, Supplement II, 1886.

bunden worden sind, wenn er z. B. anstatt „Bleistift" „Schreibfeder", anstatt „Berlin" „Potsdam" gebraucht. Ferner wenn er Worte verwechselt, die ähnlichen Klanges sind, „Butter" für „Mutter", „Campher" für „Pamphlet", endlich wenn er Fehler in der Articulation macht (literale Paraphasie), bei welchen einzelne Buchstaben durch andere ersetzt sind. Man ist versucht, bei diesen verschiedenen Arten von Paraphasie die Unterscheidung zu treffen, an welcher Stelle des Sprechapparates das Ungeschick eingeleitet worden ist. Paraphasisch ist es überdies noch zu nennen, wenn zwei Wortabsichten zu einem Missgebilde verschmolzen werden, „Vutter" für „Mutter" oder „Vater", und man ist übereingekommen, jene Umschreibungen der Paraphasie zuzurechnen, bei denen ein bestimmtes Hauptwort durch ein möglichst unbestimmtes („Dings", „machine", „chose") oder durch ein Zeitwort ersetzt wird. Die Sprachstörung der sensorischen Aphasie geht aber weit über diese paraphasischen Charaktere hinaus. Es gibt Fälle, in denen die sensorisch Aphasischen überhaupt kein verständliches Wort reden, in unerschöpflicher Folge sinnlose Silben aneinanderreihen (Kauderwelsch, Jargonaphasie[1]) der englischen Autoren; in anderen Fällen, wie in dem von Wernicke selbst, ist wenigstens die Armuth an Wortbildungen von irgend engerer Bedeutung, die Ueberfülle von Partikeln, Interjectionen und sonstigem Beiwerk der Sprache, die häufige Wiederholung von einmal ausgesprochen Hauptwörtern und Zeitwörtern bemerkenswerth. Wernicke's Kranke äusserte z. B. zu einer Zeit, wo sie bereits „bedeutende Fortschritte aufwies," als man ihr etwas geschenkt hatte: „Da lasse ich mir viel viel Mal alles Mögliche, was Sie nur haben gesehen. Ich danke halt viel liebes Mal, dass Sie mir das Alles gesagt. Na, da danke ich vielmal, dass Sie sind so gut gewesen, dass Sie sind so gütig gewesen." Ich erinnere mich, selbst im Wiener Allgemeinen Krankenhause einen Fall von sensorischer Aphasie — Frau E., sie wurde uns

---

[1] Vgl. Ross, On Aphasia. London 1887 (auch Manchester Medical Chronicle).

als „encephalitische Verworrenheit" vorgeführt — gesehen zu haben, deren Sprache dieselben Eigenthümlichkeiten darbot: die Verarmung an allen enger bestimmten Redetheilen, Hauptwörtern, Eigenschafts- und Zeitwörtern, den Ueberfluss von allen indifferenten Redetheilen und die Wiederholung derselben Worte, die ihr einmal auszusprechen gelungen waren. Wernicke hat die Sprachstörung der sensorischen Aphasie durch die „Erhaltung des Wortschatzes mit Paraphasie" zu charakterisiren versucht. Ich glaube, es ist richtiger, sie als „Wortverarmung bei reichlichen Sprachimpulsen" zu bezeichnen.

Wenn wir aber die Bahn für das spontane Sprechen *BM* aus dem Lichtheim'schen Schema streichen, wie erklären wir uns dann die Fälle von sogenannter „transcorticaler motorischer Aphasie", die Lichtheim so ungezwungen durch die Unterbrechung eben dieser Bahn aufklärt? Wir erinnern uns, diese Fälle zeigen die Eigenthümlichkeit, dass das spontane Sprechen ganz unmöglich ist, während das Nachsprechen, das laute Lesen (also Sprechen nach dem Schriftbild) u. s. w., ungehindert vor sich geht.

Wir sind nun zum Glücke in der Lage, das Verständniss dieser Fälle auf anderem Wege zu erreichen. Heubner[1]) hat erst kürzlich eine Beobachtung von Aphasie publicirt, auf welche wir uns ihrer grossen Bedeutung wegen noch mehreremale werden beziehen müssen. Dieser Kranke hatte das Vermögen, spontan zu sprechen, eingebüsst, besass aber die Fähigkeit, nachzusprechen und laut zu lesen; er zeigte also eine typische transcorticale motorische Aphasie. Ausserdem hatte er das Verständniss der Sprache verloren und verstand auch nicht, was er selbst las oder schrieb oder nachsprach — Störungen, die sich mit der transcorticalen sensorischen Aphasie Lichtheim's decken. Sein Fall liess sich also nicht durch eine einfache Läsion im Schema Lichtheim's erklären, wohl aber durch das

---

[1]) Heubner, Ueber Aphasie. Schmidt's Jahrbücher 1889, Bd. 224, S. 220.

Zusammentreffen von zwei Läsionen, nämlich in den Bahnen *BM* und *BA*. Die Section dieses Kranken ergab nun eine Rindenerweichung von höchst interessanter Lagerung jedenfalls im sensorischen Gebiet, welche die Wernicke'sche Stelle, die erste Temporalwindung, umzog und nach oben, hinten und unten von der übrigen Rinde abtrennte, ferner eine etwa linsengrosse oberflächliche Rindenerweichung an einer Windungskante der dritten Frontalwindung. (Fig. 5.)

Somit schiene zunächst das Lichtheim'sche Schema bestätigt, aber bei näherer Ueberlegung muss man

Fig. 5

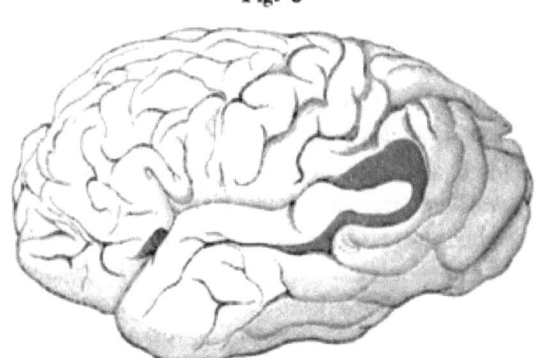

Sectionsbefund im Falle Heubner's.

Heubner Recht geben, dass die Läsion im motorischen Gebiet viel zu beschränkt und unbedeutend ist, als dass man ihr die „mächtige und tiefe Störung der Sprache" zuschreiben dürfte. Sie ist übrigens in der Rinde selbst gelegen, eine corticale und in keinem Sinne eine transcorticale zu nennen, und wenn sie Störungen verursacht hätte, wären dieselben beim Nachsprechen ebensosehr hervorgetreten wie beim Sprechen. Es erübrigt also zur Erklärung der beobachteten Sprachstörung nur die bedeutsame Läsion im sensorischen Gebiet, und wir ersehen aus diesem Falle, dass eine Abtrennung der sensorischen Centren von ihren anderen Rindenverbindungen, also eine transcorticale sensorische Läsion auch Aufhebung der spontanen Sprache verursacht, d. h. dass die Bahn *BM* zusammenfällt mit der Bahn *BA*, oder dass nur über die Klangbilder gesprochen wird.

Wir erinnern uns, dass Lichtheim bei seinem Falle von subcorticaler motorischer Aphasie vermittelst seiner Silbenprobe feststellte, dass der Kranke die Klangbilder der Worte nicht von seiner Gedankenthätigheit her erregen konnte. Wenn wir aus dem Falle Heubner's auf den Lichtheim's schliesen dürfen, der jedenfalls eine geringere Schädigung der Sprachfunctionen repräsentirt, so läge auch in diesem die Läsion auf sensorischem Gebiete, und der negative Ausfall der Probe verlöre hierdurch die Bedeutung, die er in einem Falle von sicher motorischer Läsion gehabt hätte.

Es ist indes immerhin misslich, eine Entscheidung auf einen einzigen Fall zu stützen, zumal dieser doch eine kleine Läsion auf motorischem Gebiete aufweist. Ich habe mich daher bemüht, einige andere Fälle von sogenannter transcorticaler motorischer Aphasie mit Sectionsbefunden aufzufinden, und bin dabei zu folgendem, für mich unerwartetem Ergebniss gelangt. Die Unfähigkeit des spontanen Sprechens bei erhaltenem Nachsprechen lässt nicht mit Nothwendigkeit auf eine Localisation im sensorischen Gebiete schliessen. Dieses für die transcorticale motorische Aphasie charakteristische Symptom findet sich auch bei ausschliesslichem Sitz der Erkrankung in der motorischen Region; aber nur in einem einzigen Falle war die Läsion wirklich als eine „transcorticale" zu bezeichnen. Es handelte sich in diesem Falle (Magnan[1]) nämlich um einen Tumor, der auf der Innenfläche der Dura mata aufsass, von oben her wie ein Keil in die linke Hemisphäre eingedrungen war und mit seiner Spitze bis zur dritten Frontalwindung und bis zum vorderen Drittel des oberen Randes der Insel reichte. Die Kranke war unfähig Auskunft über sich zu geben, sprach

---

[1] Magnan, On simple aphasia, and aphasia with incoherence. Brain II, 1880.

nur einzelne Worte und sinnlose Silben, konnte aber Worte, die sie hörte, gut wiederholen.

In den beiden anderen Fällen, die ich mit Sectionsbefund versehen auffand, befand sich die Läsion in der motorischen Rinde selbst, vielmehr sie war „transcortical" in dem Sinne dieses Wortes, welcher dieses Wort so ungeeignet für seine Verwendung in der Lehre von der Aphasie macht. Sie bestand in einem Falle in einer Blutung über dem motorischen Centrum, im anderen in einem Knochensplitter, der in letzterem steckte. Beide Fälle gehören Hammond[1]) an und werden von ihm folgendermassen berichtet:

I. Als sich Hammond im Sommer 1857 mit einer Schaar von Soldaten und Arbeitern in den Rocky Mountains befand, bekam einer der Arbeiter, ein Mexikaner, von einem anderen mit einem Knittel einen Schlag auf die linke Schläfe, so dass er bewusstlos zusammenstürzte. Als der Verletzte zu sich kam, hatte er das Wortgedächtniss völlig verloren, aber keineswegs das Vermögen der Articulation. Er konnte von selbst gar nicht sprechen, wenn man ihm aber Worte vorsagte, wiederholte er sie ohne jeden Fehler der Articulation, vorausgesetzt, dass man ihm nicht zu viele Worte auf einmal aufgegeben hatte. Wenn Hammond ihn z. B. fragte: „Como sientes ahora?" (Wie geht's dir jetzt?), so wiederholte er: „Como sien, sien, sien" und brach dann in Thränen aus. Der Kranke starb am nächsten Tage und zeigte eine „halbdollargrosse Ecchymose, die den linken Vorderlappen an seinem lateralen hinteren Rande betraf", ferner eine Zerreissung der rechten Arteria meningea media.

Man wird vielleicht geneigt sein anzunehmen, dass die Untersuchung Hammond's in diesem Falle keine sehr erschöpfende gewesen sein mag, denn er fügt der Beobachtung hinzu: „Ich legte der Verletzung des linken Vorderlappens damals keine besondere Bedeutung bei; erst seit

---

[1]) Hammond, A Treatise on the Diseases of the Nervous system. Seventh edition. London 1882.

der Discussion in der Pariser Akademie 1861 bin ich zur Ueberzeugung gelangt, dass die amnestische Aphasie dieses Falles von dieser Verletzung herrührte."

Fall II. Im Winter 1868/69 sah Hammond einen Mann, der einige Monate vorher bei der Arbeit in einem Steinbruch einen Stoss gegen die linke Seite des Kopfes von einer Maschine erlitten hatte. Der Kranke schien sehr intelligent, verstand alles was man zu ihm sprach, machte die verzweifeltsten Anstrengungen selbst zu sprechen, brachte aber nie andere Worte als „ja" und „nein" heraus. Hammond fragte ihn: „Sind Sie in Preussen geboren?" — „Nein." „In Bayern?" — „Nein." — „In Oesterreich?" — „Nein." — „In der Schweiz?" — „Ja, ja, ja, Schweiz, Schweiz." Dabei lachte er und bewegte die Hand nach allen Richtungen. — Hammond nahm an, dass bei jenem Unfall ein Bruch der inneren Schädelkapsel stattgefunden habe und dass ein Knochensplitter auf die dritte Frontalwindung drücke. Er rieth zur Trepanation, die auch ausgeführt wurde und seine Diagnose vollinhaltlich bestätigte. Sobald der Kranke aus der Narkose erwachte, war seine Sprache wieder hergestellt.[1])

Wir sehen also, dass hier die transcorticale motorische Aphasie Lichtheim's durch Läsionen zu Stande kommt, welche mit der Unterbrechung einer Bahn BM nicht das Mindeste gemein haben.

Bei näherer Betrachtung dieser Fälle ergibt sich uns aber ein anderer wichtiger Gesichtspunkt, der auch für andere Sprachstörungen in Betracht kommen dürfte. Es ist allgemein bekannt, dass die motorische-Aphasie in der grössten Mehrzahl der Fälle auf Erweichung beruht. Nun ist es gewiss ein beachtenswerthes Zusammentreffen, dass die Fälle von sogenannter transcorticaler motorischer Aphasie, die ich im Vorstehenden erwähnt habe, durchwegs auf Läsionen anderer Natur zurückgehen, bis auf

---

[1]) Die Beschreibung dieser beiden Fälle bei Hammond ist nicht vollständiger, als ich sie wiedergegeben habe. Da indes Lichtheim den ersten derselben als transcorticale motorische Aphasie anerkennt, wage ich dasselbe für den zweiten.

den Fall Heubner's, der eine sensorische Läsion aufweist. Der Musterfall Lichtheim's selbst ist traumatischer Natur, desgleichen die beiden Fälle von Hammond. Im Falle Magnan's handelte es sich endlich um einen Tumor.¹)

Nun wissen wir, dass die Theile des Gehirns, deren Erkrankung sich überhaupt durch Symptome verräth, uns immer nur Localsymptome ergeben, wobei es uns überlassen ist, aus Nebenumständen des Falles oder aus dem Verlaufe der Affection die Processdiagnose zu errathen. Der Sprachapparat aber verfügt über einen solchen Reichthum an symptomatischen Ausdrucksweisen, dass wir von ihm allein erwarten könnten, dass er nicht nur die Localität, sondern auch die Natur der Läsion durch die Art und Weise der Functionsstörung verrathen wird. Vielleicht gelingt es uns also einmal, Aphasien durch Blutung von solchen durch Erweichung klinisch zu trennen, und eine Reihe von Sprachstörungen als charakteristisch für besondere Processe im Sprachapparat zu erkennen.

Für die sogenannte transcorticale motorische Aphasie ist jedenfalls als erwiesen zu nehmen, dass ihre Existenz nichts für die Annahme einer Bahn für das spontane Sprechen *BM* beweist. Diese Form der Sprachstörung erfolgt entweder aus Läsionen der sensibeln Sprachbezirke oder aus besonderen Erkrankungszuständen des motorischen, durch welche das motorische Sprachcentrum

---

¹) Der Fall von transcorticaler motorischer Aphasie, auf den sich Lichtheim selbst beruft (von Farge, vgl. Kussmaul, p. 49, und Nothnagel's Topische Diagnostik, p. 358), ergab einen Erweichungsherd „im Marklager links in der Nähe der dritten linken Stirnwindung". Nothnagel bestreitet, dass dieser Fall für sich allein etwas für die Herkunft der Aphasie von Herden im Marklager beweise, da der Tod am 20. Tage erfolgt sei, zu welcher Zeit Fernwirkungen von Seiten des Herdes auf die — an sich nicht nothwendigerweise anatomisch veränderte — dritte Stirnwindung nicht ausgeschlossen seien.

Sie beruht auf einem herabgesetzten Functionszustand des motorischen in einen gegen den normalen herabgesetzten Functionszustand versetzt wird.[1]

Charlton Bastian[2], der für die sogenannte transcorticale motorische Aphasie Lichtheim's dieselbe Erklärung gibt wie wir, unterscheidet nämlich drei Zustände von verminderter Erregbarkeit eines Centrums. Die leichteste Herabsetzung zeigt sich darin, dass dieses Centrum nicht mehr auf „willkürliche" Anregung reagirt, wohl aber noch auf Anregung auf dem Wege der Association von einem anderen Centrum her und auf directen sensibeln Reiz. Bei stärkerer functioneller Schädigung ergibt es nur noch eine Reaction auf directen sensibeln Reiz, und endlich auf der tiefsten Stufe versagt auch dieser. Für die transcorticale motorische Aphasie müsste man also annehmen, dass das motorische Centrum noch auf directe sensible Erregung zur Thätigkeit zu bringen ist, während eine „willkürliche" Anregung dies nicht mehr vermag, und da dies motorische Centrum immer durch Association mit dem akustisch sensorischen angeregt wird, kann die Ursache der Erregbarkeitsveränderung im sensorischen Centrum ebensowohl wie im motorischen selbst gelegen sein.

Wir merken jetzt, dass wir dazu gelangt sind, eine klinisch beobachtete Form von Sprachstörung, anstatt durch eine localisirte Bahnunterbrechung, durch eine Annahme über eine Veränderung des functionellen Zustandes zu erklären. Da dieser Schritt ein so wichtiger für die gesammte Auffassung der Aphasie ist, wollen wir uns zu

---

[1] Eine Zusammenstellung der sechs ätiologisch ergründeten Fälle von transcorticaler motorischer Aphasie ergibt: 1. Lichtheim, Trauma, Rindenquetschung an unbekannter Stelle; 2. Farge: Fernwirkung auf die motorische Region durch benachbarten Erweichungsherd; 3. Heubner: Erweichung im sensorischen Gebiet; 4. Magnan: Tumor, der bis an die Broca'sche Stelle reicht; 5. Hammond I.: Traumatische Blutung über der motorischen Stelle; 6. Hammond II.: Trauma, Hemmung der motorischen Stelle durch einen in ihr steckenden Knochensplitter.

[2] Charlton Bastian, On different kinds of Aphasia. British Medical Journal, Oct. 29. u. Nov. 5. 1887.

unserer Versicherung wiederholen, dass wir genöthigt waren, die localisatorische Erklärung fallen zu lassen, weil die Sectionsbefunde (Heubner, Hammond) ihr widersprachen. Die Annahme, zu welcher wir uns mit Ch. Bastian entschlossen haben, erscheint uns als ein ungezwungener Ausdruck der Thatsache, dass das Nachsprechen jedesmal länger erhalten bleibt als das spontane Sprechen. Wir werden späterhin Thatsachen kennen lernen, die uns auch erweisen, dass die associative Action eines Centrums minder leicht verloren geht, als die sogenannte „spontane".

Die Annahme Bastian's hat zunächst allerdings etwas Befremdendes; sie steht einem Gedankengang, der sich mit circumscripten Läsionen und deren Wirkungen beschäftigt, als etwas Unvermitteltes gegenüber. Eine Herabsetzung der Erregbarkeit in einem Centrum, sollte man zunächst meinen, bedürfte zu ihrer Erklärung ja keiner Läsion, sie erscheint uns als ein rein „functioneller" Zustand. Dies ist richtig und es mag ähnliche Zustände wie die transcorticale motorische Aphasie geben, welche in Folge blos functioneller Schädigung ohne organische Läsion entstanden sind. Wenn man sich aber das Verhältniss von „organischer Läsion" und „Functionsstörung" klarer macht, muss man einsehen, dass eine ganze Reihe von organischen Läsionen sich nicht anders kundgeben kann als durch Functionsstörungen, und die Erfahrung zeigt, dass diese Läsionen in der That nichts anderes machen. Seit Jahrzehnten von dem Bestreben geleitet, die Störungen, welche uns die Klinik bietet, zur Kenntniss der Localisation der Functionen zu verwerthen, haben wir uns gewöhnt von einer organischen Läsion zu fordern, dass sie einen Theil der Elemente des Nervensystems völlig zerstöre und die anderen völlig ungeschädigt lasse, weil sie nur dann für unsere Zwecke verwerthbar wird. Nur wenige Läsionen erfüllen diese Bedingungen. Die allermeisten sind nicht direct destructiv und ziehen eine grössere Anzahl von Elementen in das Bereich ihrer störenden Wirkung.

Ferner ist das Verhältniss einer unvollständig destruirenden Läsion zu dem Apparat, den sie befallen hat, ins Auge zu fassen. Es sind hier zwei Fälle denkbar, die sich auch in Wirklichkeit vorfinden. Entweder der Apparat zeigt sich durch die Läsion in einzelnen Theilen verstümmelt, während die erhaltenen Theile desselben in unveränderter Weise functioniren, oder er reagirt als **Ganzes solidarisch auf die Läsion**, lässt nicht den Ausfall einzelner Theile erkennen, sondern erweist sich in seiner Function geschwächt; er antwortet auf die unvollständig destruirende Läsion mit einer Functionsstörung, die auch durch nicht materielle Schädigung zu Stande kommen könnte. Der centrale Apparat für die obere Extremität zeigt uns z. B. beiderlei Reactionsweisen. Wenn sich eine kleine organische Läsion in der vorderen Centralwindung befindet, so kann deren Wirkung in der isolirten Lähmung, etwa der Daumenmuskeln, bestehen. Gewöhnlicher ist es aber, dass sich die Wirkung als Parese mässigen Grades des ganzen Armes offenbart. Der Sprachapparat scheint nun in allen seinen Theilen die zweite Art der Reaction gegen nicht destructive Läsionen zu zeigen, er antwortet auf eine solche Läsion solidarisch (wenigstens partiell solidarisch) mit einer functionellen Störung. Es kommt z. B. nie vor, dass in Folge einer kleinen Läsion im motorischen Centrum hundert Worte verloren gehen, deren Natur blos vom Sitze der Läsion abhängt. Es lässt sich jedesmal zeigen, dass der partielle Verlust Ausdruck einer allgemeinen functionellen Herabsetzung dieses Centrums ist. — Es ist übrigens nicht selbstverständlich, dass die Sprachcentren sich in dieser Weise verhalten, und wird uns später zu einer ganz bestimmten Vorstellung vom Baue dieser Centren verhelfen.

Ehe ich diese Erörterung über die motorische Aphasie abbreche, muss ich zweier Punkte gedenken, die hier die passendste Erledigung finden. Wenn die transcorticale motorische Aphasie das Symptom eines Zustandes ist, welcher zwischen der Norm und der völligen Unerregbarkeit liegt, so muss man erwarten, dass sich dieses Symptom bei motorischer Aphasie einstelle, wenn dieselbe in Besserung übergeht, dass also motorisch Aphasische früher und besser nachsprechen lernen, ehe sie wieder spontan sprechen. Ich glaube, dass ein Fall von Ogle[1]) diesen Charakter erkennen lässt; im Uebrigen war ich nicht im Stande, zahlreiche Bestätigungen für meine Erwartung zu sammeln. Ich darf sagen, dass die Aufmerksamkeit der Beobachter sich diesem Punkte nicht zugewendet hat.

Ferner muss ich einen Einwand berücksichtigen, den gewiss jeder der Leser bereits bei sich gemacht hat. Wenn das spontane Sprechen auf dem Wege *BAM* über die Klangbilder vor sich geht, so müsste ja jede sensorische Aphasie den Verlust der spontanen Sprache, nicht blos eine Störung derselben nach sich ziehen. Wie ist es zu erklären, dass bei sensorischer Aphasie noch so reichlich, wenn auch nicht richtig gesprochen wird?

Ich kann die Schwierigkeit nur anerkennen und durch den Hinweis auf eine andere Schwierigkeit beantworten. Es gibt Fälle von Logoplegie, gleichzeitiger Aufhebung des Sprachverständnisses und der Sprachäusserung, in denen wir unsere Forderung von Verlust der spontanen Sprache bei sensorischer Aphasie erfüllt sehen könnten. Sie beruhen aber auf mehrfachen oder ausgedehnten Läsionen, die motorisches und sensorisches Gebiet gleichzeitig betreffen. Diese Fälle pflegen klinisch einen ganz besonderen Verlauf zu nehmen. Die sensorische Störung bessert sich nämlich, und in einem späteren Stadium ergibt der Kranke das Bild einer rein motorischen Aphasie. Es kann auch vorkommen, dass ein Krankheitsfall von vorneherein als motorische Aphasie auftritt, während man bei der Section findet, dass nicht nur die Broca'sche Stelle, sondern ein grosser Theil des übrigen Sprachbezirkes, darunter die Wernicke'sche Stelle

---

[1]) Bei Bastian, On the various forms of loss of speech in cerebral disease. British and Foreign Med.-Chir. Review, Jan. 1869.
[2]) Vgl. Ross l. c.

mit zerstört ist. Kahler[1] hat einen dieser nicht seltenen Fälle mitgetheilt und die übrigen zusammengestellt. Man kennt also mit Sicherheit Zerstörung des sensorischen Centrums *A* ohne Worttaubheit, wenigstens ohne bleibende, wenngleich jede Worttaubheit auf Läsion dieses Centrums zu beziehen ist. Wie dieser Widerspruch zu lösen ist, kann ich vorläufig nicht angeben; ich vermuthe blos, dass dessen Klärung auch die Antwort auf die vorhin gestellte Frage, warum sensorische Aphasie nicht immer von völligem Verlust der Sprache gefolgt ist, mit sich bringen würde. Vom Standpunkte der Theorie der Sprachcentren müsste man aussagen, dass uns die Ausdehnung des Centrums *A* noch nicht sicher genug bekannt ist.

Es kommt übrigens sensorische Aphasie ohne jede Sprachstörung vor, mit geringer paraphasischer, mit hochgradiger Sprachverarmung und mit Sprachentartung bis zum Kauderwelsch. Nach Allen Starr[2] soll es nicht möglich sein, diese Verschiedenheiten in der Beeinträchtigung der motorischen Sprachfunction aus einer verschiedenen Localisation der Läsion im sensibeln Bezirke zu erklären. Vielleicht, dass einige später vorzubringende Bemerkungen etwas zur Aufklärung dieser Schwierigkeit beitragen werden.

IV.

Etwa gleichzeitig mit jener Arbeit Lichtheim's, welche die localisatorische Erklärung der Sprachstörungen so consequent durchführte, wurde ein Vortrag von Grashey[3] bekannt, welchem man bald eine fundamentale Bedeutung für das Verständniss der Aphasie nachrühmte, ohne dass übrigens seither Viele auf den so geschaffenen Grundlagen

---

[1] Kahler, Casuistische Beiträge zur Lehre von der Aphasie. Prager med. W., Nr. 16 und 17, 1885.

[2] Allen Starr, The pathology of sensory aphasia, with an analysis of fifty cases in which Broca's centre was not diseased. Brain, XII. 1889.

[3] Grashey, Ueber Aphasie und ihre Beziehungen zur Wahrnehmung. Archiv f. Psychiatrie, XVI. 1885.

weitergebaut hätten. Grashey's Krankheitsfall zeigte bis auf einen einzigen Punkt keine Besonderheiten; es handelte sich um einen 27jährigen Mann, der sich in Folge eines Sturzes von der Treppe eine Schädelfractur zugezogen hatte, auf dem rechten Ohr nahezu vollständig taub war, Geruch und Geschmack verloren hatte, mit dem rechten Auge nur noch Handbewegungen wahrnahm, links $^2/_3$ Sehschärfe und ein concentrisch eingeschränktes Gesichtsfeld hatte. Facialis und Hypoglossus, sowie die gesammte Körpermusculatur der rechten Seite waren paretisch. Ausserdem zeigte der Kranke eine Störung der Sprache, die sich unmittelbar nach der Verletzung als Worttaubheit kundgab. Zur Zeit, da ihn Grashey seiner Beobachtung unterzog, war sein Sprachvermögen sehr weit hergestellt und liess blos einige der gewöhnlichsten Störungsreste erkennen. Der Kranke konnte zusammenhängend sprechen, gebrauchte alle indifferenten Redetheile ohne Schwierigkeit, auch manche Zeitwörter und Beiwörter, fand im Redefluss auch hie und da ein Substantiv, stockte aber bei den meisten derselben und half sich durch Umschreibungen („Dingsda"). Er erkannte jedes Object, das er vor seiner Erkrankung erkannt hatte, fand aber niemals den Namen dafür. Sein Sprachverständniss war intact.

Die Unfähigkeit, im Redefluss Substantiva zu gebrauchen und erkannte Gegenstände mit Namen zu bezeichnen, ist wie gesagt eines der gemeinsten Symptome der sogenannten **amnestischen Aphasie**, die von älteren Autoren neben der **ataktischen Aphasie** unterschieden wurde.[1])

Das Verhältniss dieser amnestischen Aphasie zu den Arten von Sprachstörung, welche man durch Bahnunterbrechung charakterisiren konnte, hatte der Auffassung immer Schwierigkeiten bereitet. Allerdings begreiflicherweise, da die eine Aufstellung auf einem psychologischen, die andere auf einem anatomischen Gesichtspunkte beruhte.

---

[1]) Die Unterscheidung von amnestischer und ataktischer Aphasie ist 1866 von Sanders aufgestellt worden.

Lichtheim hielt es für unstatthaft, die Amnesien den anderen Formen von Sprachstörung gleich zu stellen; er meinte, Amnesie sei eine häufige Begleiterscheinung der von ihm beschriebenen Typen und deren Rückbildungszustände, sie sei aber kein Herdsymptom und zeige sich bei diffuseren krankhaften Processen, bei allgemeiner

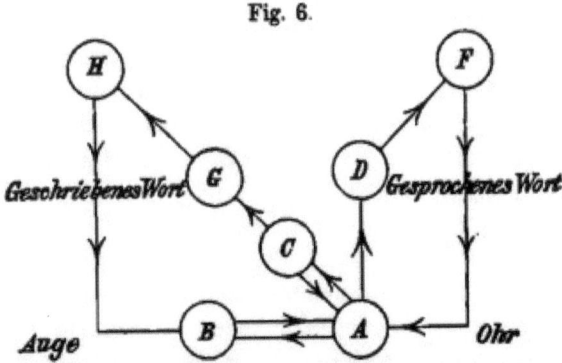

Fig. 6.

Das Schema, an welchem Grashey die Functionstörung seines Kranken erläutert. In demselben bedeutet: *A* das Centrum für Klangbilder; *B* das Centrum für Objectbilder; *C* das Centrum für Symbole, d. h. für geschriebene oder gedruckte Buchstaben, Worte und Zahlen; *D* das Centrum für die Bewegungsvorstellungen der Sprache; *F* die Kerne der Phonations- und Articulationsnerven; *G* das Centrum für die Bewegungsvorstellungen des Schreibens; *H* die Kerne der beim Schreiben fungirenden motorischen Nerven.

Circulationsstörung im Gehirn oder als Zeichen der senilen Rückbildung der Hirnthätigkeit.

Die Forderung, bei einer ganzen Classe von Sprachstörungen jene Gesichtspunkte der Localisation beiseite zu lassen, die man für eine andere als allein massgebend erklärt hatte, hat nun zunächst nichts Einleuchtendes. Grashey unternahm es vielmehr, die Charaktere seines Falles von amnestischer Aphasie an der Hand des hier beistehenden Schemas zu analysiren (Fig. 6) und gelangte zu dem Schlusse, dass derselbe aufzuklären sei, wenn man annehme, dass die Bahn von den Klangbildern zu den Objectbildern frei, die zu den Klangbildern aber durchbrochen sei. Dann wäre der Kranke zwar fähig, ein ihm vorgesagtes Wort richtig auf das bezeichnete Object zu beziehen, aber unfähig, für ein vorgezeigtes Object das Klangbild zu finden.

Sein Verdienst bestand nun darin, dass er diesen Erklärungsversuch wieder mit den Worten verwarf: „Auf diese Weise liesse sich schliesslich jedes Symptom erklären.... ich habe mich daher mit der willkürlichen Ein- und Ausschaltung leitungsfähiger Verbindungsbahnen nicht begnügt, sondern den Kranken eingehender untersucht und gefunden, dass die anscheinend normalen Centren.... in ihren Functionen erheblich gestört sind....."

Sein Kranker zeigte nämlich eine auffällige Unfähigkeit, „Objectbilder, Klangbilder und Symbole", wie Grashey sich ausdrückt, durch längere Zeit festzuhalten. Zeigte man ihm einen Gegenstand, den er wohl erkannte, und forderte ihn einen Moment später auf, den gezeigten Gegenstand zu berühren, so hatte er unterdes vergessen, welches der Gegenstand war; sagte man ihm ein Wort vor, lenkte ihn durch ein anderes ab und verlangte dann von ihm, das erstere Wort nachzusprechen, so hatte er es jedesmal vergessen und nur das letzte Wort im Gedächtniss u. s. w. Er war darum auch unfähig, successive und in merklichen Zwischenräumen entstehende „Objectbilder, Klangbilder, Tastbilder und Symbole" zu einem Ganzen zusammenzufassen und als Ganzes zu percipiren. Bedeckte man das Bild eines ihm bekannten Objectes mit einem Blatt Papier, in dessen Mitte eine Spalte geschnitten war, und verschob letztere so, dass das Bild nur successive sichtbar wurde, so konnte er das Bild aus den so erhaltenen Theileindrücken nicht zusammensetzen; entfernte man das Blatt Papier, so übersah er das Bild als Ganzes und erkannte es sofort. Bedeckte man ein geschriebenes oder gedrucktes Wort in derselben Weise, so dass dessen Buchstaben nur einzeln und successive sichtbar wurden, so sprach er nacheinander alle Buchstaben aus, konnte in umgekehrter Richtung leitende, von den Objectbildern aber das Wort nie lesen, weil er beim letzten Buchstaben alle früheren vergessen hatte.

Aus dieser allgemeinen Schädigung der Perception erklärte nun Grashey die Sprachstörung seines Kranken, ohne eine localisirte Läsion annehmen zu müssen. Ein Object, führt er aus, kann vom Auge auch bei momentaner Einwirkung des Lichtes wahrgenommen werden; ein Klangbild braucht zu seiner Auffassung eine längere Zeit, weil es für unser Ohr ein werdendes, successive entstehendes Object ist. Sinkt die Dauer des Objecteindruckes auf 0·06 Secunden herab, so kann dieses noch als Ganzes erfasst werden, während das dazugehörige Klangbild in derselben Zeit nur in seinem ersten Buchstaben erfasst werden kann. Objectbild und Klangbild entsprechen einander aber nicht Theil für Theil, vom Worte „Pferd" entspricht z. B. der Klang „P" keinem Theile vom Objecte Pferd; das Klangbild muss erst fertig geworden sein, ehe es eine Beziehung auf das Object erfahren kann. „Soll also von einem Objectbild ein Klangbild hervorgerufen werden, so muss das Objectbild fertig sein und so lange dauern, bis successive die einzelnen Theile des Klangbildes entstanden sind. Sinkt die Dauer des fertigen Objectbildes Pferd auf den Werth von 0·06 Secunden, so kann von diesem Objectbild aus höchstens noch ein einzelner Theil, ein Buchstabe des Klangbildes hervorgerufen werden." — „Soll umgekehrt von einem Klangbilde ein Objectbild hervorgerufen werden, so kann ebenfalls kein Theil des entstehenden Klangbildes irgend einen Theil des Objectbildes erregen, weil die Theile dieser Bilder einander nicht entsprechen. Das Klangbild muss vielmehr fertig sein und so lange dauern, bis das Objectbild entstanden ist." Da das Objectbild zu seiner Entstehung aber nur eines Momentes bedarf, so kommt es auch bei verkürzter Dauer des Klangbildes zu Stande.

„Man sieht also," schliesst Grashey, „dass durch eine und dieselbe Störung der Uebergang von den Objectbildern zu den Klangbildern alterirt, der Uebergang von den

Klangbildern zu den Objectbildern aber nicht alterirt wird." Wir fügen hinzu: ohne Annahme einer Läsion in irgend einer Bahn oder einem Centrum.

Grashey's Kranker zeichnete sich noch durch eine andere Eigenthümlichkeit aus. Er konnte die Namen, die ihm fehlten, schreibend finden, wenn er dabei das Object im Auge behalten durfte. Er sah auf das Object und schrieb dann den ersten Buchstaben des Namens nieder, las ihn ab und sprach ihn beständig aus, dann sah er von Neuem aufs Object, schrieb den zweiten Buchstaben nieder, sprach beide gefundenen Buchstaben aus und fuhr so fort, bis er den letzten Buchstaben und damit den gesuchten Namen gefunden hatte. Dies eigenthümliche Verfahren erklärte sich befriedigend aus der kurzen Dauer der einzelnen Eindrücke, wenn man bedachte, dass das Niederschreiben und Ablesen des gefundenen Buchstabens Mittel waren, um den flüchtigen Eindruck zu fixiren. Grashey konnte mit Recht aus dieser Beobachtung schliessen, dass die Klangbilder, Schriftbilder und Lesebilder einander Theil für Theil entsprechen, und dass deren Association also noch zur Wortfindung führen kann, wenn die Dauer der einzelnen Sinneseindrücke beträchtlich herabgesunken ist.

Somit schien es erwiesen, dass es Fälle von Aphasie gibt, in denen man nicht auf localisirte Läsion zu greifen braucht, sondern die sich in ihren Eigenthümlichkeiten aus einer Abänderung einer physiologischen Constanten des Sprachapparates erklären. Die „Grashey'sche Aphasie" liess sich scharf den von Wernicke-Lichtheim beschriebenen, auf Localisation von Läsionen beruhenden Aphasien gegenüberstellen und man hatte die Hoffnung, andere Formen von „amnestischer Aphasie" durch die Aufdeckung anderer functioneller Momente als die Verkürzung der Dauer der Sinneseindrücke zu erklären.

Indes hat Wernicke[1]) selbst durch eine scharfsinnige Kritik diese principielle Bedeutung der Grashey'schen

---

[1]) Wernicke, Die neueren Arbeiten über Aphasie. Fortschritte d. Medicin 1885, pag. 824; 1886, pag. 371, 463.

Analyse vernichtet. Er macht darauf aufmerksam, dass man
das Klangbild ja nicht als aus Buchstaben bestehend
hört. Der Klang ist etwas Ganzes, dessen Zerlegung in
Buchstabenklänge erst später im Leben zum Zweck des
Einvernehmens mit der Schriftsprache erfolgt. Es entging
Wernicke auch nicht, dass die Auffassung Grashey's
einem anderen gewichtigen Bedenken ausgesetzt war.
Wenn der Kranke darauf angewiesen war, den Klang des
Wortes aus den Buchstabenklängen zusammenzusetzen, so
konnte sein Hören nicht besser sein als sein Lesen, er
hätte unfähig sein müssen, auch nur ein Wort zu verstehen,
ohne es durch Schreiben zu fixiren. Wernicke drückte
diesen Einwand folgendermassen aus: „Derselbe Kranke,
der, wenn ihm verschiedene Objecte oder auch Buchstaben
nacheinander gezeigt werden, jedesmal über dem zweiten
den ersten vergisst, kann fliessend lesen, versteht Alles,
was zu ihm gesprochen wird, kann Wörter auf Dictat
schreiben. Um ein Wort, einen Satz zu verstehen, muss
der Klang mehrerer Buchstaben, bei Sätzen der Klang
vieler Wörter dem Patienten so lange im Gedächtniss haften,
bis der Sinn des Satzes verständlich zum Ausdruck gekommen
ist. Die Klangbilder haben also hier eine viel längere
Dauer als die optischen Objectbilder, und die Gedächtnissstörung ist in gewissem Sinne localisirt, indem sie vor-
zugsweise das optische Gebiet betroffen hat" (p. 470).

Wir nehmen es zur Kenntniss, dass Wernicke den
Fall Grashey's nicht anders als durch eine localisirte
(also ungleichmässige) Functionsstörung zu erklären weiss.
Allein wir können nicht zugestehen, dass die Versetzung
dieser Störung ins optische Gebiet die Eigenthümlichkeit
der Grashey'schen Beobachtung befriedigend aufklärt.
Wir erinnern uns z. B., dass Grashey die ausserordent-
liche kurze Dauer auch der Klangbilder für seinen Fall
direct erwiesen hat. Ferner wäre, wenn nicht die Dauer
der Klangbilder in massgebender Weise verringert ist,
nicht zu verstehen, wozu der Kranke der Fixirung des
gefundenen Buchstabens durch Schreiben und Ablesen bedarf;

er müsste zum ganzen Klangbild ohne weitere Hilfe gelangen, wenn er den Objecteindruck genügend oft erneuert.

Der Fall Grashey's erfordert also eine andere Erklärung, und ich hoffe, dass die jetzt anzuführende sich unanfechtbar erweisen wird. Die allgemeine Herabsetzung in der Dauer der Sinneseindrücke kann thatsächlich nicht zu einer Sprachstörung wie zu der in Rede stehenden führen. Rieger[1]) hat einen Kranken mit ganz ähnlicher Gedächtnissstörung (gleichfalls in Folge eines Traumas) aufs genaueste untersucht und auch dessen Sprachstörung die gebührende Aufmerksamkeit geschenkt. Dieser Kranke hatte im Redefluss Schwierigkeiten, Hauptwörter und Adjectiva zu finden und bedurfte beständigen Zuredens, um den Namen für ein gesehenes Object zu sagen. Er fand das gesuchte Wort aber immer, nur nach einer langen Pause, und diese Pause wurde nicht dazu verwendet, das Wort buchstabirend zu suchen, sondern es explodirte auf einmal (p. 69). Zur Erklärung des Grashey'schen Falles müssen wir also nebst der allgemeinen Gedächtnissschwäche eine localisirte Störung annehmen und diese ins Centrum der Klangbilder verlegen. Es liegt dann der Fall vor, den Bastian als zweite Stufe der geminderten Erregbarkeit anführt, dass ein Centrum der normalen („willkürlichen") Anregung nicht mehr folgt, aber noch auf Association und sensible Anregung leistungsfähig ist. Das Klangbildercentrum kann im Falle Grashey's nicht mehr direct von den Objectassociationen erregt werden, gestattet aber noch die Fortleitung der Erregung zu dem mit dem Klangbild associirten Lesebild. Von diesem kann während des Momentes, da die vom gesehenen Object ausgehende Erregung wirkt, der erste Theil (Buchstabe) erkannt werden, und durch

---

[1]) Rieger, Beschreibung der Intelligenzstörung in Folge einer Hirnverletzung nebst einem Entwurf zu einer allgemein anwendbaren Methode der Intelligenzprüfung. Würzburg 1888.

Wiederholung dieses Ablaufes die übrigen; die so zusammengesuchten Buchstaben des Lesebildes erwecken dann das Klangbild, das von den Objectassociationen aus nicht zu erwecken war.

Meine Erklärung findet eine besondere Unterstützung in dem Umstande, dass der Kranke Grashey's anfänglich worttaub war, also eine grobe Läsion an derselben Stelle besass, die ich von einer geringfügigeren betroffen annehme, um die von Grashey geschilderten Sprachstörungen zu erklären. Ich nehme natürlich weiterhin an, dass gegen diese Läsion der akustische Theil des Sprachapparates solidarisch reagirte, wie ich es bei Besprechung der transcorticalen motorischen Aphasie auseinandergesetzt habe.

•

Fälle wie der Grashey's sind übrigens bereits früher bekannt gewesen. Ein Kranker, dessen Beobachtung Graves[1]) berichtet, hatte seit einem Schlaganfalle das Gedächtniss für Hauptwörter und Eigennamen verloren, erinnerte sich aber mit vollkommener Sicherheit an deren ersten Buchstaben. Er hatte es für zweckmässig gefunden, sich eine alphabetisch geordnete Liste der meist gebrauchten Hauptwörter anzufertigen, die er stets bei sich trug, und mit Hilfe deren er sprach. Brauchte er ein Wort, so sah er unter dem Anfangsbuchstaben nach, erkannte das gesuchte Wort offenbar nach dem Lesebild und konnte es nun aussprechen, so lange er die Augen auf das Lesebild fixirt hielt. Sobald das Buch geschlossen war, hatte er das Wort wieder vergessen. Es ist klar, dass auch dieser Kranke über die fehlenden Worte vermittelst der Association durch das Lesebild verfügte.

Der Fall, dass die Thätigkeit eines Centrums durch die mit ihm associirte Thätigkeit eines anderen unterstützt sein muss, wenn eine Sprachleistung erfolgen soll, ist in der Pathologie der Sprachstörungen gar nicht selten

---

[1]) Vgl. Bateman, On aphasia or loss of speech etc. London 1870.

beobachtet worden. Am häufigsten tritt er für das visuelle Centrum (den Ort der Buchstabenbilder) sein, weshalb in solchen Fällen das Lesen unmöglich ist, wenn nicht die einzelnen Buchstaben nachgeschrieben oder in der Luft nachgezogen werden. Westphal hat zuerst eine solche Beobachtung eines Aphasischen, der nur „schreibend las", mitgetheilt; in den von mir übersetzten neuen Vorlesungen Charcot's[1]) findet sich die ausführliche Krankengeschichte eines anderen Wortblinden, der sich desselben Kunstgriffes bediente. Die Pathologie der Sprachstörungen wiederholt hiermit einfach einen Zustand, der normalerweise während des Erlernens der Sprachfunctionen vorhanden war. So lange wir noch nicht geläufig lesen konnten, haben wir Alle uns der Kenntniss der Lesebilder durch das Erwecken aller ihrer sonstigen Associationen zu versichern gesucht; desgleichen haben wir beim Schreibenlernen neben dem Lesebild die Klangvorstellung und die motorische Innervationsempfindung angeregt. Der Unterschied liegt nur darin, dass wir beim Lernen an die bestehende Rangordnung der Centren, welche zu verschiedenen Zeiten ihre Function aufgenommen haben, gebunden sind (zuerst das sensorisch-akustische, dann das motorische, später das visuelle und zuletzt das graphische), während in pathologischen Fällen jenes Centrum am ehesten zur Hilfeleistung herangezogen wird, welches eben am leistungsfähigsten geblieben ist. Die Besonderheit der Fälle von Graves und Grashey kann nur darin gesucht werden, dass es hier gerade das Centrum der Klangbilder ist, welches einer Unterstützung von Seiten anderer Centren bedarf, die sonst in ihrer Thätigkeit von ihm abhängig sind.

Wenngleich die Untersuchung Grashey's also nicht die Bedeutung behalten hat, die ihr anfänglich als einer Aufklärung der amnestischen Aphasie mit Ausschluss der Localisation zugesprochen wurde, so kann sie doch wegen

---

[1]) Charcot, Neue Vorlesungen über die Krankheiten des Nervensystems, insbesondere über Hysterie. Uebersetzt von Sigm. Freud, Wien 1886, p. 137.

vieler Nebenbefunde einen bleibenden Werth beanspruchen. Sie ist zuerst wieder auf das wirkliche Verhältniss der Sprachcentren untereinander, auf deren Abhängigkeit von dem Centrum der Klangbilder eingegangen, sie hat uns zuerst eine Vorstellung von dem complicirten und vielfach in seiner Richtung geknickten Ablauf der Associationen beim Sprachvorgange vermittelt, sie hat endlich durch den Nachweis, dass nie anders als buchstabirend gelesen wird, den richtigen Gesichtspunkt für die Beurtheilung der Lesestörungen unverrückbar festgestellt. In letzterer Hinsicht ist vielleicht eine Einschränkung anzubringen. Es ist wahrscheinlich, dass bei gewissen Arten zu lesen (zumal für gewisse Worte) auch das Objectbild des ganzen Wortes einen Beitrag zur Erkennung desselben leistet. So ist es zu erklären, dass Personen, die für alle Buchstaben blind sind, doch ihren Namen oder ein ihnen sehr geläufiges Wort im Drucke (Bezeichnung einer Stadt, Heilanstalt u. s. w.) lesen können, und dass eine Kranke Leube's[1]) gelegentlich ein Wort, über dessen Buchstabiren sie sich lange erfolglos abgemüht hatte, aussprach, sobald das Wort ihr entzogen worden war, der Anlass zum Buchstabiren also aufgehört hatte. Es ist anzunehmen, dass sich ihr das Objectbild des gedruckten oder geschriebenen Wortes unterdes tief genug eingeprägt hatte (Leube's Erklärung).

Wir sind von einer Auffassung der Sprachstörungen ausgegangen, welche die einen Formen von Aphasie durchwegs durch die Effecte beschränkter Läsionen von Bahnen und Centren erklären wollte, während sie eine andere Reihe von Aphasien ausschliesslich auf functionelle Veränderungen im Sprachapparate zurückführte. Wir haben an dem Beispiel der transcorticalen motorischen Aphasie gezeigt, dass für diese die localisatorische Erklärung unzu-

---

[1]) Leube, Ueber eine eigenthümliche Form von Alexie. Zeitschrift f. klin. Medicin XVIII, 1889.

lässig ist, sondern dass man auch hier auf Annahmen über
Functionsveränderung eingehen muss. Aus der Kritik des
Falles von Grashey haben wir hingegen geschlossen, dass
man die amnestischen Aphasien nicht anders als durch die
Annahme einer localisirten Läsion erklären könne. Wir fanden
ein Bindeglied zwischen beiden einander entgegengesetzten
Annahmen in der Vorstellung, dass die Centren des Sprachapparates gegen nicht direct destructive Läsionen mit
einer Functionsveränderung sozusagen solidarisch
reagiren, und haben als solche uns bekannte Aenderungen
der Function die drei Stufen der Unerregbarkeit nach
Bastian acceptirt, dass ein Centrum 1. überhaupt nicht
mehr, 2. nur auf sensibeln Reiz, 3. noch in Association mit
einem anderen Centrum leistungsfähig ist. Da wir nun darauf
gefasst sind, in jedem beliebigen Falle von Sprachstörung
die Folgen einer Bahnunterbrechung neben einer Modification des functionellen Zustandes zu finden, erwächst uns
die Aufgabe anzudeuten, nach welchen Kriterien wir ein
Symptom einer Sprachstörung auf die eine oder auf die
andere dieser Ursachen beziehen sollen. Ferner würde uns
obliegen, eine andere Auffassung der Sprachstörungen
durchzuführen, welche den von uns vorgebrachten Ein-
wänden nicht ausgesetzt ist.

V.

Wir haben in einem der vorstehenden Abschnitte
gehört, dass der Theorie des Sprachvorganges von Wernicke eine ganz bestimmte Annahme über die Rolle der
„Centren" in der Hirnrinde zu Grunde gelegt wurde, und
dass die Klinik der Sprachstörungen gewisse Erwartungen,
welche man aus einer solchen Annahme ableiten möchte,
nicht rechtfertigt. Dies soll uns veranlassen, jene Theorie
selbst näher ins Auge zu fassen.

Wir sollen uns nach Wernicke vorstellen, dass es
an der Grosshirnrinde bestimmte (allerdings nicht genauer
abzugrenzende) Stellen gibt (z. B. die Broca'sche, die

Wernicke'sche Stelle), in deren Nervenzellen die Vorstellungen, mit denen die Sprachfunction arbeitet, in irgend einer Weise enthalten sind. Diese Vorstellungen sind Reste von Eindrücken, welche auf der Bahn der Seh- und Hörnerven angelangt, oder welche bei den Sprachbewegungen als Innervationsgefühl oder Wahrnehmung der ausgeführten Bewegung entstanden sind. Je nach ihrer Herkunft von einer dieser Quellen liegen sie in der Hirnrinde beisammen, so dass eine Stelle alle „Wortklangbilder", die andere alle „Wortbewegungsbilder" enthält u. s. w. Die Verbindung dieser distincten Rindencentren wird durch weisse Fasermassen (Associationsbündel) besorgt, und zwischen den Centren befindet sich „unbesetztes Gebiet" der Hirnrinde, nach Meynert's Ausdruck „functionelle Lücken".[1]

Mit der letzten Bestimmung haben wir den Gedankengang Wernicke's verlassen und ihn durch ein Detail aus den Lehren Meynert's ergänzt. Wernicke, der bei keiner Gelegenheit anzuführen versäumt, dass seine Theorie der Aphasie nur eine Anwendung weitergehender Lehren Meynert's ist, bevorzugte gerade in Betreff der Sprachcentren anfänglich eine etwas abweichende Anschauung. In seiner Schrift über den aphasischen Symptomencomplex galt ihm noch die ganze erste Urwindung um die Sylvi'sche Furche als Sprachcentrum; in seinem Lehrbuch der Gehirnkrankheiten dagegen sind die Sprachcentren als Theile der ersten Stirnwindung und der ersten Schläfenwindung dargestellt. (Fig. 7.)

Es erscheint mir zweckmässig, an dieser Stelle das Meynert'sche Lehrgebäude über Gehirnbau und Gehirnleistung mit einigen Sätzen zu behandeln. Meine Darstellung desselben, sowie der dagegen vorzubringenden Einwände, wird eine blos flüchtige und skizzenhafte sein und der hohen Bedeutung des Gegenstandes nicht entsprechen können. Eine andere Art der Würdigung ginge

---

[1] Meynert, Psychiatrie. Erste Hälfte 1884, p. 140.

aber weit über den Rahmen dieser Arbeit hinaus, welche nur von der Auffassung der Sprachstörungen handeln soll. Insoferne letztere nicht unabhängig von einer allgemeineren Auffassung der Grosshirnthätigkeit sein kann, sehe ich mich doch genöthigt, die Frage nach der Bedeutung des Grosshirns überhaupt wenigstens zu streifen.

Die Meynert'sche Lehre vom Gehirnbau verdient den Namen einer „cortico-centrischen". In der ihm eigenen,

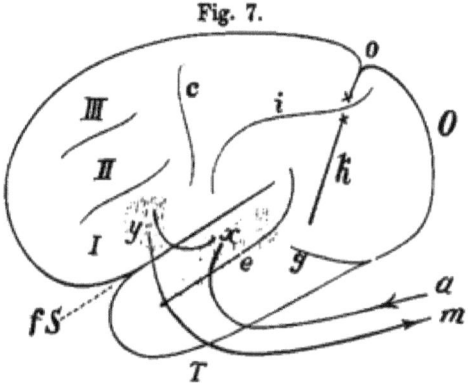

Fig. 7.

Nach Wernicke, Lehrbuch der Gehirnkrankheiten, Bd. I, p. 206. Fig. XX. Schema des corticalen Sprachmechanismus. F Stirnende, O Hinterhaupts-, T Schläfenende einer linken Hemisphäre, FS Fissura Sylvii. c Centralfurche, g vordere Occipitalfurche, i Interparietalfurche, k vordere Occipitalfurche o Parieto-occipitalfurche, e Parallelfurche, $I—III$ erste bis dritte Stirnwindung, $\times \times$ Uebergangswindungen, x sensorisches Sprachcentrum, y motorisches Sprachcentrum, xy Associationsbahn zwischen beiden Centren, ax Bahn des Akusticus, ym Bahn zur Sprachmusculatur.

weitgehenden Ausdeutung anatomischer Verhältnisse äussert Meynert, dass die Hirnrinde durch die Aeusserlichkeit ihrer Lagerung zum Umfassen, zum Aufnehmen der gesammten Sinneseindrücke geeignet wird.[1]) Sie wird von ihm ferner einem zusammengesetzt protoplasmatischen Wesen gleichgestellt, das einen Körper, dessen Bestandtheile es sich assimiliren will, überzieht, indem es sich zu

---

[1]) Vgl. Meynert, Der Bau der Grosshirnrinde etc. Vierteljahrschrift für Psychiatrie I, 1867.

einer Höhle umgestaltet.¹) Das gesammte übrige Gehirn erscheint als Anhang und Hilfsorgan der Grosshirnrinde, der gesammte Leib als eine Armirung ihrer Fühlfäden und Fangarme, welche ihr die Bedingungen gewähren, das Weltbild in sich aufzunehmen und auf dasselbe einzuwirken.

Zur Hirnrinde nun führen alle Fasersysteme des Gehirns oder gehen von ihr aus; alle grauen Massen sind Unterbrechungen dieser Fasermassen auf ihrem Wege zum Grosshirn. Das Rückenmark leitet sich aus der Grosshirnrinde durch einen zweifachen Ursprung ab, den ein Querschnitt in der Hirnschenkelregion blosslegt. Der sogenannte Fuss des Hirnschenkels enthält die Bahnen, welche Bewegungsimpulse der Hirnrinde zur Peripherie übertragen, sowie die Bahnen, welche die Aufnahme von Sinneseindrücken in die Hirnrinde vermitteln. Derselbe führt auf diese Weise eine Projection des Körpers, insoferne letzterer directer Abhängigkeit von der Hirnrinde unterliegt.²) Die sogenannte Haube des Hirnschenkels hingegen bringt der Hirnrinde die Kenntniss von Reflexverknüpfungen im Rückenmark und Hirnstamm und damit die erste Anregung für eigene Bewegungsimpulse. Die grauen Massen des Hirnstammes sind entweder, wie Vierhügel und Sehhügel, durch ihre gleichzeitige Verbindung mit den Rückenmarkssträngen und den grossen Sinnesoberflächen Bestandtheile jenes reflectorischen Apparates, der durch die Haube mit der Hirnrinde verbunden ist, oder sie unterbrechen (Linsenkern-Streifenhügel) als Ganglien des Hirnschenkelfusses die directe Grosshirnbahn. Speciell die motorische Bahn, welche die Körpermusculatur dem Einflusse der Hirnrinde unterwirft, verläuft von der Rinde zur Peripherie in drei Abschnitten (Gliedern des Projectionssystemes), welche durch zwei graue Knoten (Linsenkern-Schwanzkern und graue Substanz der Vorderhörner) geschieden

---

¹) Ebd. und Psychiatrie, p. 127.
²) Meynert, Studien über die Bedeutung des zweifachen Rückenmarksursprunges aus dem Gehirn. Wiener akad. Sitzgsb. LX. Bd. II, 1869.

werden. In der Brücke findet sie überdies vermittelst der grauen Substanz der Brückenkerne und „schleuderförmiger" Faserbündel eine Verbindung mit dem Kleinhirn, welches sonst von dem Meynert'schen Gehirnplane etwas abseits gelassen wird.

Wie gestaltet sich nun die Abbildung des Körpers in der Gehirnrinde, welche durch solche Bahnen mit der Peripherie verbunden ist? Meynert nennt diese Abbildung eine „Projection", und einige seiner Bemerkungen lassen schliessen, dass er in der That eine Projection, d. h. eine Abbildung Punkt für Punkt, des Körpers in der Hirnrinde annimmt. In diesem Sinne deutet z. B. der so häufige Vergleich der Hirnrinde mit der Retina des Auges, einem Endorgan, dessen Nervensubstanz von mehreren Autoren ein „Stück vorgeschobenes Rindengrau" genannt wurde, während dieselbe doch morphologisch einem Stücke Rückenmarksgrau entsprechen müsste. Dem Verständniss einer Projection im eigentlichen Sinne des Wortes günstig erscheinen ferner manche Bemerkungen, wie: „Es hat allerdings die höchste Unwahrscheinlichkeit, dass jedes einzelne der, verschiedene **Muskelmassen** und **Hautoberflächen**, **Drüsen** und **Eingeweide** vertretenden **Bündel des Hirnschenkels** . . . . sich so weit hin zerstreue, um auf der ganzen Rindenoberfläche durch Projection repräsentirt zu sein,"[1] oder: „Ein Querschnitt durch den Hirnschenkel umfasst gleichsam den ganzen Organismus, der nur riechunfähig und blind wäre."[2] Indes widersprechen andere Entwickelungen der Meynert'schen Lehre einer solchen Annahme so sehr, dass ich mich nicht getrauen möchte, dieselbe hier als die seinige zu bekämpfen. Dagegen wird man kaum irre gehen, wenn man voraussetzt, dass Munk und andere Forscher, die auf Meynert'schem Boden stehen, die Idee einer vollständigen und topographisch ähnlichen Abbildung des Körpers in der Grosshirnrinde mehr oder minder klar vertreten.

---

[1] Meynert, Bau der Grosshirnrinde l. c., p. 83.
[2] Meynert, Rückenmarksursprung l. c., p. 488.

Ich darf nun darauf aufmerksam machen, dass die neueren Erwerbungen der Gehirnanatomie die Meynert'sche Auffassung des Gehirnbaues in wesentlichen Stücken berichtigt, und damit die von ihm der Hirnrinde zugewiesene Rolle in Frage gestellt haben. Diese Correcturen knüpfen gerade an den Verlauf der bedeutsamsten und bestgekannten Bahn von der Hirnrinde zur Körpermusculatur an. Zuerst ist die Auffassung des Streifenhügels als eines die motorische Bahn unterbrechenden Ganglions gefallen. Die Kliniker, Charcot voran, haben gezeigt, dass eine Läsion desselben ihren Einfluss auf die Motilität nur der Nachbarschaft mit der sogenannten inneren Kapsel zu danken hat, während Läsionen des Ganglions, die ohne Einfluss auf die innere Kapsel sind, auch keine Lähmung zu erzeugen vermögen. Wernicke[1]) hat dann nachgewiesen, dass dieses sogenannte Ganglion des Hirnschenkels einer irgend ausgiebigen Verbindung mit der Hirnrinde entbehrt. Das erste Internodium war somit aus dem Verlaufe der Meynert'schen Projectionsbahn herausgerissen. Das Studium der ungleichzeitigen Markscheidenbildung bestätigte diese Auffassung und brachte in Meynert's Auffassung des Gehirnbaues eine neue Lücke. Flechsig konnte nachweisen, dass die motorische Bahn von der Grosshirnrinde zur Musculatur in der That ohne Unterbrechung vom Rindengrau durch die innere Kapsel in den Hirnschenkel zieht, und dass sie in der Brücke keinerlei Verbindung mit dem Kleinhirn erfährt. Die Pyramidenbahn gilt uns jetzt als directe Verbindung zwischen Vorderhorngrau und Grosshirnrindengrau; die von Meynert behauptete Einflechtung des Kleinhirns in die motorische Bahn ist somit aufgegeben. Von den grossen subcorticalen Massen gehört nur mehr der Thalamus opticus der Grosshirnrinde zu, der auch bei angeborenem Defect der Grosshirnlappen verkümmert; während der Streifenhügel bei Grosshirndefect intact bleibt,

---

[1]) Wernicke, Lehrbuch der Gehirnkrankheiten, 1880 bis 1883, I. Bd.

aber bei angeborener Kleinhirnverkümmerung atrophirt.[1]) Ein mächtiges Stück Gehirnsubstanz: Streifenhügel — Brücke — Kleinhirn, stellt sich so dem Grosshirn gegenüber als Organ unerkanter Function, nicht ohne ausgiebige Verbindung mit dem Grosshirn, aber entwickelungsgeschichtlich und functionell ziemlich unabhängig von ihm. Die Meynert'sche Deutung der zwei Etagen des Hirnschenkels ist somit nicht mehr haltbar, ist übrigens bis jetzt durch keine andere ersetzt worden. Wenn von einem zweifachen Ursprung des Rückenmarkes die Rede sein soll, so kann damit nur mehr ein Grosshirn-Thalamusursprung und ein Streifenhügel-Kleinhirnursprung gemeint werden. Der gesammte Gehirnbau scheint eine Gipfelung in zwei Centralapparaten aufzuweisen, von denen die Grosshirnrinde den jüngeren darstellt, während der ältere des Vorderhirnganglions einen Theil seiner Function beibehalten zu haben scheint. Auch ein anderer wichtiger Bestandtheil der Meynert'schen Lehre, die Annahme einer zweifachen sensibeln Bahn, einer directen und einer reflectorischen, scheint der Bekräftigung entbehren zu müssen. Unsere bisherigen Erfahrungen lehren uns, dass kein Faserzug an andere Hirntheile gelangt, ohne mit dem Rückenmarksgrau oder ihm analogen Bildungen in Verbindung getreten zu sein, und dass die reflectorischen Bahnen überall unmittelbar von den sensibeln abgehen.

Erscheint so die dominirende Stellung der Grosshirnrinde erschüttert, und entsteht die Nöthigung, manche früher für subcortical gehaltene Vorgänge in die Hirnrinde selbst zu verlegen, so stellt sich des Weiteren die Frage zur Beantwortung, in welcher Art der Körper in der Grosshirnrinde abgebildet ist. Ich glaube, es lässt sich zeigen, dass die Annahme einer Projection des Körpers auf die Hirnrinde im eigentlichen Sinne des Wortes, worunter dann eine vollständige und topographisch ähnliche Abbildung zu verstehen wäre, zurückgewiesen werden kann.

---

[1]) Flechsig, Plan des menschlichen Gehirns. 1883.

Ich gehe dabei von einem Gesichtspunkte aus, den noch Henle in der Betrachtung dieses Gegenstandes gewürdigt hat, dem der Faserreduction durch graue Massen. Vergleicht man nämlich die Summe der ins Rückenmark eintretenden Fasern mit jener der weissen Stränge, welche zur Verbindung mit höheren Gehirntheilen das Rückenmark verlassen, so zeigt sich, dass letztere Summe nur einen Bruchtheil der ersteren ausmacht. Nach einer Zählung Stilling's entsprachen in einem Falle 807.738 Fasern der Nervenwurzeln nur 365.814 Fasern in einem Querschnitte des oberen Halsmarkes. Die Beziehungen des Rückenmarkes zum Körper sind demnach anderer Art als die Beziehungen der höheren grauen Massen. Im Rückenmark allein (sowie in den ihm analogen grauen Substanzen) sind die Bedingungen für eine lückenlose Projection der Körperperipherie vorhanden; jeder peripherischen Innervationseinheit kann im Rückenmark ein Stück grauer Substanz, im äussersten Falle ein einziges centrales Element entsprechen. In Folge der Reduction der projicirenden Fasern durch das Rückenmarksgrau kann von jeder höheren grauen Substanz ein Element nicht mehr einer peripheren Einheit, sondern muss mehreren derselben entsprechen. Dies gilt auch für die Grosshirnrinde, und daher empfiehlt es sich, diese beiden Arten von centraler Abbildung auch durch verschiedene Namen zu unterscheiden. Heisse die Abbildung im Rückenmarksgrau eine Projection, so wird es vielleicht passend sein, die Abbildung in der Grosshirnrinde eine Repräsentation zu heissen und zu sagen, die Körperperipherie sei in der Hirnrinde nicht Stück für Stück enthalten, sondern in einer minder detaillirten Sonderung durch ausgewählte Fasern vertreten.

Dieser bisher so einfache Gedankengang erfährt nun eine weitere Ausführung und andere Richtung durch nachstehende Bemerkungen:

Die Fasern des obersten Halsmarkquerschnittes sind nicht sämmtlich für die Verbindung mit der Hirnrinde bestimmt. Ein nicht geringer Theil derselben (kurze Bahnen) wird sich noch bis zum Ende des Höhlengraues zwischen den Nervenkernen der Oblongata erschöpfen, ein anderer Theil gelangt ins Kleinhirn. Mit Bestimmtheit können wir nur von der Pyramidenbahn aussagen, dass sie in der gleichen Stärke, wie sie im Halsmark vorliegt, zum Rindengrau gelangt, und diese Bahn ist gewiss eine sehr erheblich reducirte Fortsetzung der Fasern, welche von den Körpermuskeln durch die vorderen Wurzeln ins Rückenmark gekommen sind. Die Reduction der projicirenden Fasern ist aber andererseits nicht so gross, als es nach letzterer Erwägung scheinen sollte, denn z. B. für die Fasern der Hinterstränge, welche als solche gewiss nicht zur Grosshirnrinde gelangen, nimmt letztere die Fasern der Schleife auf, welche nach vielfachen Unterbrechungen in den Hinterstrangskernen, den grauen Massen der Oblongata und des Thalamus, endlich im Grosshirn die Hinterstränge vertreten. Es ist nicht bekannt, ob die Schleifenfaserung die Hinterstränge an Faserzahl erreicht; wahrscheinlich bleibt sie weit hinter derselben zurück. Ferner erhält das Grosshirn Fasern aus dem Kleinhirn, in denen man ein Aequivalent für die Kleinhirnursprünge des Rückenmarkes sehen könnte, und so bliebe es trotz alledem noch zweifelhaft, ob der Grosshirnrinde nicht schliesslich doch ebensoviel oder mehr Fasern von der Peripherie — wenn auch auf Umwegen — zukommen, als zur Projection im Rückenmark erforderlich war.

Es kommt aber hier noch ein anderer Punkt in Betracht, der in der Darstellung Meynert's nicht klar genug hervortritt. Für Meynert, der am Faserverlauf hauptsächlich die Thatsache der Rindenverbindung hervorhebt, ist eine Faser oder Fasermasse immer noch die nämliche, auch wenn sie durch noch so viele graue Substanzen gegangen ist. Seine Ausdrucksweise: „Die Faser passirt eine graue Substanz", zeigt dafür. Dies erweckt natürlich den Anschein, als hätte sich an der Faser auf ihrem langen Wege bis zur Rinde nichts verändert, als dass sie in mehrere Verbindungsmöglichkeiten eingetreten sei.

Wir können diese Anschauung nicht mehr festhalten. Wenn wir sehen, wie sich im Laufe der individuellen Entwickelung die Markscheidenbildung stückweise von einer grauen Substanz zur anderen vollzieht, wie für eine zuführende Bahn drei oder mehr weiterführende aus einer grauen Substanz hervorgehen, erscheinen uns die grauen Substanzen und nicht mehr die Faserbündel als die Einzelorgane des Gehirns. Wenn wir eine, sensible (centripetale) Bahn, soweit sie uns bekannt ist, verfolgen und als Hauptcharakter derselben eine möglichst häufige Unterbrechung in grauen Substanzen und Weiterverzweigung durch dieselben erkennen,[1]) müssen wir den Gedanken aufnehmen, dass eine Faser auf dem Wege zur Grosshirnrinde ihre functionelle Bedeutung nach jedem neuen Auftauchen aus einer grauen Substanz geändert hat. Nehmen wir eines der uns verständlich gewordenen Beispiele: Eine Faser des N. opticus leitet einen Retinaleindruck bis zum vorderen Vierhügel; in diesem findet sie ein vorläufiges Ende,[2]) und an ihrer Statt geht aus der Substanz des Ganglions eine andere Faser zur Occipitalrinde. In der Substanz des Vierhügels hat aber die Verbindung des Retinaleindruckes mit einer Augenmuskelbewegungsempfindung stattgehabt; es ist nun überaus wahrscheinlich, dass die neue Faser zwischen Vierhügel und Hinterhauptsrinde nicht mehr einen Retinaleindruck, sondern die Verknüpfung eines oder mehrerer solcher Eindrücke mit den Bewegungsempfindungen fortleitet. Noch complicirter muss sich diese Bedeutungsänderung der Fasern für die Leitungssysteme der Haut- und Muskelsensibilität gestalten; wir haben noch keine Ahnung davon,

---

[1]) Vgl. Edinger's, Bechterew's und des Verfassers Untersuchungen über den Verlauf der Hinterstrangbahn und des Akusticus.

[2]) Vgl. Darkschewitsch, Ueber die sogenannten primären Opticuscentren und ihre Beziehung zur Grosshirnrinde. Arch. f. Anat. u. Phys. 1886.

welche Elemente hier zu dem neuen Inhalt der fortgeleiteten Erregung zusammentreten. Wir ersehen nur so viel, dass die nach Durchsetzung von grauen Substanzen in der Hirnrinde anlangenden Fasern zwar noch eine Beziehung zur Körperperipherie enthalten, aber kein topisch ähnliches Bild derselben mehr geben können. Sie enthalten die Körperperipherie, wie — um ein Beispiel dem uns hier beschäftigenden Gegenstande zu entlehnen — ein Gedicht das Alphabet enthält, in einer Umordnung, die anderen Zwecken dient, in mannigfacher Verknüpfung der einzelnen topischen Elemente, wobei die einen davon mehrfach, die anderen gar nicht vertreten sein mögen. Könnte man diese Umordnung, welche von der spinalen Projection an bis zur Grosshirnrinde vor sich geht, im Einzelnen verfolgen, so würde man wahrscheinlich finden, dass das Princip derselben ein rein functionelles ist, und dass topische Momente nur insoweit beibehalten werden, als sie mit den Anforderungen der Function zusammenfallen. Da nichts dafür spricht, dass in der Hirnrinde diese Umordnung wieder rückgängig gemacht wird, um eine topographisch vollständige Projection zu ergeben, so dürfen wir vermuthen, dass die Körperperipherie in den höheren Hirntheilen, wie auch in der Hirnrinde, überhaupt nicht mehr topisch, sondern blos functionsgemäss enthalten ist. Das Thierexperiment muss diese Thatsache allerdings verdecken, indem es nichts Anderes als eine topische Beziehung zu ergeben vermag. Ich glaube aber, wer ernsthaft ein Centrum des M. extensor pollucis longus, des M. rectus internus oculi oder der Sensibilität einer bestimmten Hautstelle in der Hirnrinde aufsucht, der verkennt sowohl die Function dieses Hirntheiles, als auch die Complication der Bedingungen, welche diese Function voraussetzt.[1]

---

[1] Ich deute blos an, dass diese Auffassung von der Repräsentation des Körpers in der Grosshirnrinde zum Widerspruche gegen die Munk'sche Lehre von der fleckweisen Projection der Retina im Hinterhauptslappen herausfordert und durch eine Würdigung der corticalen Hemianopsien zur Bestätigung oder Widerlegung gelangen müsste.

Wir kehren nach dieser Abschweifung zur Auffassung der Aphasie zurück und erinnern uns, dass auf dem Boden Meynert'scher Lehren die Annahme erwachsen ist, der Sprachapparat bestünde aus distincten Rindencentren, in deren Zellen die Wortvorstellungen enthalten sind, welche Centren durch functionsfreies Rindengebiet getrennt und durch weisse Fasern (Associationsbündel) verknüpft werden. Man kann nun zunächst in Frage ziehen, ob eine Annahme dieser Art, welche Vorstellungen in Zellen bannt, überhaupt correct und zulässig ist. Ich glaube: nicht.

Gegenüber der Neigung früherer medicinischer Epochen, ganze Seelenvermögen, wie sie der Sprachgebrauch der Psychologie abgrenzt, an bestimmte Bezirke des Gehirns zu localisiren, musste es als grosser Fortschritt erscheinen, wenn Wernicke erklärte, dass man nur die einfachsten psychischen Elemente, die einzelnen Sinnesvorstellungen localisiren dürfe, und zwar an die centrale Endigung des peripherischen Nerven, der den Eindruck empfangen hat. Im Grunde aber begeht man nicht denselben principiellen Fehler, ob man nun einen complicirten Begriff, eine ganze Seelenthätigkeit oder ob man ein psychisches Element zu localisiren versucht? Ist es gerechtfertigt, eine Nervenfaser, die über die ganze Strecke ihres Verlaufes blos ein physiologisches Gebilde und physiologischen Modificationen unterworfen war, mit ihrem Ende ins Psychische einzutauchen und dieses Ende mit einer Vorstellung oder einem Erinnerungsbild auszustatten? Wenn der „Wille" die „Intelligenz" u. dgl. als psychologische Kunstworte erkannt sind, denen in der physiologischen Welt sehr complicirte Verhältnisse entsprechen, weiss man von der „einfachen Sinnesvorstellung" denn mit grösserer Bestimmtheit, dass sie etwas Anderes als ein solches Kunstwort ist?

Die Kette der physiologischen Vorgänge im Nervensystem steht ja wahrscheinlich nicht im Verhältniss der Causalität zu den psychischen Vorgängen. Die physiologischen Vorgänge hören nicht auf, sobald die psychischen begonnen haben, vielmehr geht die physiologische Kette weiter, nur dass jedem Glied derselben (oder einzelnen Gliedern) von einem gewissen Moment an ein psychisches Phänomen entspricht. Das Psychische ist somit ein Parallelvorgang des Physiologischen („a dependent concomitant").

Ich weiss wohl, dass ich den Männern, deren Ansichten ich hier bestreite, nicht zumuthen kann, sie hätten diesen Sprung und Wechsel der wissenschaftlichen Betrachtungsweise ohne Erwägung vollzogen. Sie meinen offenbar nichts Anderes, als dass die — der Physiologie angehörige — Modification der Nervenfaser bei der Sinneserregung eine andere Modification in der centralen Nervenzelle erzeugt, welche nun das physiologische Correlat der „Vorstellung" wird. Da sie von der Vorstellung weit mehr zu sagen wissen als von den physiologisch noch gar nicht charakterisirten, unbekannten Modificationen, bedienen sie sich des elliptischen Ausdruckes: In der Nervenzelle sei eine Vorstellung localisirt. Allein diese Vertretung führt auch sofort zu einer Verwechselung der beiden Dinge, die mit einander keine Aehnlichkeit zu haben brauchen. In der Psychologie ist die einfache Vorstellung für uns etwas Elementares, das wir von seinen Verbindungen mit anderen Vorstellungen scharf unterscheiden können. Wir kommen so zur Annahme, dass auch deren physiologisches Correlat, die Modification, die von der erregten, im Centrum endigenden Nervenfaser ausgeht, etwas Einfaches ist, was sich an einen Punkt localisiren lässt. Eine solche Uebertragung ist natürlich vollkommen unberechtigt; die Eigenschaften dieser Modification müssen für sich und unabhängig von ihrem psychologischen Gegenstück bestimmt werden.[1]

---

[1] Hughlings Jackson hat aufs schärfste vor einer solchen Verwechselung des Physischen mit dem Psychischen beim Sprachvorgang gewarnt: In all our studies of diseases of the nervous system we must be on our guard against the fallacy, that what are physical states in lower centres fine away into psychical states in higher centres; that for example, vibrations of sensory nerves become sensations, or that somehow or another an idea produces a movement. Brain I, p. 306.

Was ist nun das physiologische Correlat der einfachen oder der für sie wiederkehrenden Vorstellung? Offenbar nichts Ruhendes, sondern etwas von der Natur eines Vorganges. Dieser Vorgang verträgt die Localisation, er geht von einer besonderen Stelle der Hirnrinde aus und verbreitet sich von ihr über die ganze Hirnrinde oder längs besonderer Wege. Ist dieser Vorgang abgelaufen, so hinterlässt er in der von ihm afficirten Hirnrinde eine Modification, die Möglichkeit der Erinnerung. Es ist durchaus zweifelhaft, ob dieser Modification gleichfalls etwas Psychisches entspricht; unser Bewusstsein weist nichts dergleichen auf, was den Namen „latentes Erinnerungsbild" von der psychischen Seite rechtfertigen würde. So oft aber derselbe Zustand der Rinde wieder angeregt wird, entsteht das Psychische als Erinnerungsbild von Neuem. Wir haben freilich nicht die leiseste Ahnung davon, wie die thierische Substanz es zu Stande bringen mag, so vielfältige Modificationen durchzumachen und auseinander zu halten. Dass sie dies aber kann, beweist das Beispiel der Spermatozoen, in denen die mannigfaltigsten und detaillirtesten solcher Modificationen zur Entwickelung bereit liegen.

Lässt sich nun am physiologischen Correlat der Empfindung der Antheil der „Empfindung" von dem der „Association" unterscheiden? Offenbar nicht. „Empfindung" und „Association" sind zwei Namen, mit denen wir verschiedene Ansichten desselben Processes belegen. Wir wissen aber, dass beide Namen von einem einheitlichen und untheilbaren Process abstrahirt sind. Wir können keine Empfindung haben, ohne sie sofort zu associiren; mögen wir die beiden begrifflich noch so scharf trennen, in Wirklichkeit hängen sie an einem einzigen Vorgang, der, von einer Rindenstelle beginnend, über die gesammte Rinde diffundirt. Die Localisation des physiologischen Correlats ist also für Vorstellung und Association dieselbe, und da Localisation einer Vorstellung nichts Anderes bedeutet, als Localisation ihres Correlates, so müssen wir es ablehnen, die Vorstellung an den einen

Punkt der Hirnrinde zu verlegen, die Association an einen anderen. Beides geht vielmehr von einem Punkte aus, und befindet sich an keinem Punkte ruhend.

Mit dieser Abweisung einer gesonderten Localisation für das Vorstellen und das Associiren der Vorstellungen entfällt für uns ein Hauptmotiv, zwischen Centren und Leitungsbahnen der Sprache zu unterscheiden. An jeder Rindenstelle, welche der Sprachfunction dient, werden ähnliche functionelle Vorgänge vorauszusetzen sein, und wir haben es nicht nöthig, weisse Fasermassen heranzuziehen, denen die Association der in der Rinde befindlichen Vorstellungen übertragen ist. Wir sind sogar im Besitze eines Sectionsbefundes, welcher uns nachweist, dass die Association der Vorstellungen durch in der Rinde selbst liegende Bahnen geschieht. Ich meine wiederum den Fall von Heubner, aus dem wir bereits eine wichtige Lehre gezogen haben (vgl. p. 25).

Der Kranke Heubner's zeigte jene Form der Sprachstörung, welche Lichtheim als transcorticale sensorische Aphasie bezeichnet, und von der Unterbrechung der Bahnen vom sensorischen Sprachcentrum zu den Begriffsassociationen ableitet. Es wäre also nach der in Rede stehenden Theorie der Sprachstörungen eine Erkrankung im Marke unterhalb des sensorischen Centrums zu erwarten gewesen. Anstatt dessen fand sich eine oberflächliche Rindenerweichung, welche das sonst (auch der Function nach) intacte sensorische Centrum von seinen meisten Rindenverbindungen ausserhalb des Sprachgebietes selbst abtrennte. Heubner versäumt nicht die Wichtigkeit dieses Befundes hervorzuheben, und Pick[1]) zieht aus ihm denselben Schluss wie wir, dass die Associationsbahnen der Sprache durch die Rinde selbst zu laufen scheinen. Wir brauchen im Uebrigen nicht zu bestreiten, dass auch Associationsbündel,

---

[1]) Pick, Ueber die sogenannte Re-Evolution (Hughlings-Jackson) nach epileptischen Anfällen nebst Bemerkungen über transitorische Worttaubheit. Arch. f. Psych. XXII, 1891.

welche unterhalb der Rinde verlaufen, zu derselben Function beitragen mögen.

Unsere Vorstellung vom Sprachapparat wird eine gründliche Umwandlung erfahren, wenn wir noch die dritte Bestimmung der Meynert-Wernicke'schen Lehre, nämlich dass die functionirenden Sprachcentren durch „functionslose Lücken" getrennt sind, in Betracht ziehen. Eine solche Bestimmung erscheint zunächst als unmittelbares Ergebniss der pathologischen Anatomie dem Zweifel entzogen zu sein. Wenn man aber auf die Art und Weise eingeht, wie aus der Verwerthung von Sectionsbefunden die distincten Centren erschlossen werden, merkt man, dass die pathologische Anatomie unfähig ist, diese Frage zu entscheiden. Man werfe z. B. einen Blick auf die Tafel, in welcher Naunyn die Ausdehnung der Läsion in 71 Fällen von Sprachstörung verzeichnet. Dort, wo die Läsionen am dichtesten übereinander fallen, nehmen wir die Centren der Sprache an. Es sind dies ihrer Definition nach Stellen, deren Erhaltung für die Ausübung der Sprachfunction unentbehrlich ist; es mag aber ausserdem andere Rindenstellen geben, welche gleichfalls der Sprachfunction dienen, deren Zerstörung aber von der Function der Sprache leichter ertragen wird. Wenn es solche Rindenstellen gibt, werden wir sie durch das Studium der Naunyn'schen Tafel nicht entdecken können. Es kann sein, dass die Sprachstörung durch Läsion an anderen Stellen nur von der Fernwirkung herrührt, welche solche Läsionen auf die Sprachcentren üben; es ist aber auch möglich, dass die in der Tafel seltener besetzten Stellen gleichfalls „Sprachcentren" sind, nur nicht unentbehrliche oder constante.

Wenden wir uns darum lieber der Frage zu, welche Function dem functionslosen Rindengebiet zwischen und neben den Sprachcentren von den Autoren zugewiesen wird.

Meynert äussert sich über dieselben unumwunden (Psychiatrie, p. 140):

„Es folgt hieraus natürlich, dass im physiologischen Gange der Occupation der Hirnrinde durch Erinnerungsbilder eine wachsende Ausbreitung der Besetzung von Rindenzellen stattfindet, auf welcher die weitere Entwickelung des kindlichen Anschauungskreises durch Vermehrung von Gedächtnissbildern beruht. Es ist sehr wahrscheinlich, dass dem Gedächtniss als der Grundlage aller intellectuellen Leistungen auch eine Grenze der Aufnahme durch die Zellen der Rinde gesetzt ist." Letzteren Satz darf man wohl in dem Sinne interpretiren, dass nicht nur die kindliche Entwickelung, sondern auch die Erwerbung späterer Kenntnisse (z. B. die Erlernung einer neuen Sprache) auf der Occupation des bis dahin unbesetzten Bodens in der Rinde beruht, etwa wie sich eine Stadt durch Ansiedlungen von Strecken ausserhalb ihrer Ringmauern vergrössert.

In einer früheren Bemerkung hatte Meynert jenen, den Centren benachbarten, aber unbesetzten Gebieten die Function zugesprochen, nach experimenteller oder sonstiger Zerstörung der Centren deren Function neu aufzunehmen, eine Anschauung, die sich auf Versuche von Munk stützt, jenes Forschers, dessen Voraussetzungen ja durchaus in dem Boden Meynert'scher Lehren wurzeln. Wir haben also jetzt erfahren, in welcher Absicht die Annahme der „functionslosen Lücken" in der Hirnrinde gemacht worden ist, und können daran gehen, ihre Brauchbarkeit für das Verständniss der Sprachstörungen zu prüfen.

Wir finden dabei, dass das gerade Gegentheil von dem statt hat, was auf Grund dieser Annahme zu erwarten ist. Die Sprachfunction weist die vortrefflichsten Beispiele von Neuerwerbungen auf. Bereits das Lesen- und Schreibenlernen ist eine solche gegen die primäre Sprachthätigkeit, und diese neue Erwerbung ist in der That durch neue Localisationen der Läsion zu schädigen, weil bei ihr neue Sinneselemente (die optischen und die cheiro-motorischen) in Betracht kommen. Alle anderen Neuerwerbungen der Sprachfunction — ob ich nun mehrere fremde Sprachen verstehen und sprechen lerne, ob ich ausser dem erstgelernten Buchstabenalphabet das griechische und hebräische mir aneigne, und neben meiner Cursivschrift Stenographie und

andere Schriften ausübe — alle diese Leistungen (und die
für sie aufzuwendenden Erinnerungsbilder können an Zahl
die der ursprünglichen Sprache um ein Vielfaches über-
treffen) sind offenbar an denselben Stellen localisirt, die
wir als die Centren der ersterlernten Sprache kennen. Es
kommt nämlich nie vor, dass durch eine organische Läsion
eine Störung in der Muttersprache gesetzt wird, der
eine später erworbene Sprache entginge. Wären die fran-
zösischen Wortklänge bei einem Deutschen, der auch französisch versteht, anderswo als die deutschen localisirt, so
müsste es irgend einmal geschehen, dass in Folge eines
Erweichungsherdes der Deutsche zwar nicht mehr deutsch,
aber noch französisch verstünde. Es ist immer das Um-
gekehrte, und zwar für alle Sprachfunctionen, der Fall.
Wenn ich die betreffenden (leider im Verhältnisse zu ihrem
Interesse nicht genug zahlreichen) Fälle durchmustere, finde
ich nur zwei Elemente, welche die Erscheinung der Sprachstörung bei einem Mehrsprachigen bedingen: 1. Den Einfluss
des Alters der Erwerbung, 2. den der Uebung. In der
Regel wirken ja beide Momente in derselben Richtung;
wo sie sich widerstreiten, kann bemerkenswertherweise
die früher erworbene Sprachfähigkeit selbst die besser
eingeübte überdauern. Niemals aber findet sich ein Verhältniss, das durch abweichende Localisation zu erklären
wäre, und nicht durch die beiden angeführten functionellen
Momente. Es liegt offenbar so, dass die Sprachassociationen,
mit denen unsere Sprachleistung arbeitet, einer Super-
association fähig sind, welchen Vorgang wir noch deutlich
wahrnehmen, so lange wir die neuen Associationen nur
mit Schwierigkeit ausführen, und dass das Superassociirte,
die Läsion mag sitzen, wo sie will, eher geschädigt
wird, als das primär Associirte.

Wie sehr auch eine, selten aber intensiv erfolgte Modification des Sprachapparates — ganz im Widerspruch zu
allen Gesichtspunkten der Localisation von Vorstellungen —
Schädigung überdauern kann, geht vielleicht aus keinem Beispiele nachdrücklicher hervor, als aus folgendem, das ich

Hughlings Jackson entlehne. Dieser Forscher, auf dessen Anschauungen ich in fast allen vorstehenden Bemerkungen zurückgegangen bin, um mit ihrer Hilfe die localisatorische Theorie der Sprachstörungen zu bestreiten, bespricht den nicht seltenen Fall, dass motorisch Aphasische ausser dem „Ja" und „Nein" einen anderen Sprachrest zur Verfügung haben, der sonst einer hochstehenden Sprachleistung entsprechen würde. Dieser Sprachrest besteht nicht selten in einem kräftigen Fluch (Sacré nom de dieu, Goddam etc.), und Hughlings Jackson erörtert, dass ein solcher auch in der Gesundheit der emotionellen, und nicht der intellectuellen Sprache angehört hat. In anderen Fällen ist dieser Sprachrest aber kein Fluch, sondern ein Wort oder eine Redensart von enger Bedeutung, und man dürfte sich füglich verwundern, dass gerade diese Zellen oder diese Erinnerungsbilder der allgemeinen Zerstörung entgangen sein sollten. Manche dieser Fälle gestatten aber eine sehr plausible Deutung. Ein Mann z. B., der nur sagen konnte: „I want protection" (etwa: Ich bitte, zur Hilfe) verdankte seine Aphasie einem Raufhandel, in dem er nach einem Schlag auf den Kopf bewusstlos zusammengestürzt war. Ein anderer hatte den merkwürdigen Sprachrest „List complete"; es war ein Schreiber, den die Erkrankung traf, nachdem er in angestrengter Arbeit einen Katalog fertig gemacht hatte. Solche Beispiele legen die Annahme nahe, dass diese Sprachreste die letzten Worte sind, welche der Sprachapparat vor seiner Erkrankung, vielleicht bereits in Ahnung derselben gebildet hatte. Ich möchte das Verbleiben dieser letzten Modification aus deren Intensität erklären, wenn sie im Momente einer grossen inneren Erregung erfolgt. Ich erinnere mich, dass ich mich zweimal in Lebensgefahr geglaubt habe, deren Wahrnehmung beidemale ganz plötzlich erfolgte. In beiden Fällen dachte ich mir: „Jetzt ist's aus mit dir", und während mein inneres Sprechen sonst nur mit ganz undeutlichen Klangbildern und kaum intensiveren Lippengefühlen vor sich geht, hörte ich in der Gefahr diese Worte, als ob man sie mir

ins Ohr rufen würde, und sah sie gleichzeitig wie gedruckt
auf einem flatternden Zettel.

Wir weisen also die Annahmen zurück, dass der
Sprachapparat aus gesonderten Centren bestehe, welche
durch functionsfreie Rindengebiete getrennt sind, ferner
dass an bestimmten Rindenstellen, welche Centren zu
nennen sind, die Vorstellungen (Erinnerungsbilder), welche
der Sprache dienen, aufgespeichert liegen, während deren
Association ausschliesslich durch weisse Fasermassen unterhalb der Rinde besorgt wird. Dann bleibt uns nur übrig,
die Anschauung auszusprechen, dass das **Sprachgebiet
der Rinde ein zusammenhängender Rindenbezirk
ist**, innerhalb dessen die Associationen und Uebertragungen,
auf denen die Sprachfunctionen beruhen, in einer dem Verständniss nicht näher zu bringenden Complicirtheit vor
sich gehen.

Wie erklären wir aber auf Grund solcher Annahme die
Existenz der Sprachcentren, welche die Pathologie uns
enthüllt hat, vor Allem der Broca'schen und der Wernickeschen Stelle? Hier kann ein Blick auf die convexe Oberfläche einer linken Hemisphäre die Aufklärung bringen.
Die sogenannten Centren der Sprache zeigen nämlich
Lageverhältnisse, welche nach einer Deutung verlangen
und auf Grund unserer Anschauungen dieselbe auch finden
können. Sie liegen weit voneinander ab; wenn wir
Naunyn folgen, im hinteren Theil der ersten Temporalwindung, im hinteren Theil der dritten Stirnwindung, im
unteren Scheitelläppchen, wo der Gyrus angularis in den
Hinterhauptslappen übergeht; die Lage eines vierten
Centrums für die Schreibbewegungen scheint nicht genügend
sichergestellt (hinterer Theil der mittleren Stirnwindung?).
Sie liegen ferner so, dass sie ein grosses Rindengebiet,
dessen Läsion wahrscheinlich immer mit Sprachstörung
verbunden ist, zwischen sich fassen (die Insel mit den
sie bedeckenden Windungsantheilen), und obwohl ihre
Ausdehnung nach der Zusammenstellung der bei Aphasie

gefundenen Läsionen nicht genau abzugrenzen ist, kann man doch sagen, dass sie die äussersten Bezirke des von uns supponirten Sprachgebietes bilden, dass Sprachstörung nach innen von den Centren (gegen den Mittelpunkt des Hemisphärenbogens) vorkommt, während nach aussen von ihnen Rindentheile anderer Bedeutung liegen. Erscheinen die „Centren" so als die Ecken des Sprachfeldes, so kommt ferner in Betracht, an welche andere Gebiete diese Centren aussen anstossen. Die Broca'sche Stelle liegt in nächster Nachbarschaft der motorischen Centren für die Bulbärnerven; die Wernicke'sche Stelle liegt in einem Gebiete, welches die Akusticusendigung enthält, deren genauer Ort nicht bekannt ist, und das visuelle Centrum stösst an die Stellen des Hinterhauptlappens, in denen wir die Endigung des Nervus opticus suchen. Eine solche Anordnung, nach der Theorie der Centren bedeutungslos, erklärt sich uns folgendermassen:

Das Associationsgebiet der Sprache, in welches optische, akustische und motorische (oder kinästhetische) Elemente eingehen, breitet sich eben darum zwischen den Rindenfeldern dieser Sinnesnerven und den betreffenden motorischen Rindenfeldern aus. Denken wir uns nun in diesem Associationsfelde eine Läsion verschiebbar, so wird dieselbe um so mehr Effect machen (bei gleicher Ausdehnung), je näher an eines der Rindenfelder sie heranrückt, je peripherischer im Sprachbezirk sie also liegt. Stösst sie unmittelbar an eines dieser Rindenfelder an, so wird sie dem Associationsgebiet der Sprache einen seiner Zuflüsse abschneiden, dem Sprachmechanismus wird das optische, akustische Element u. s. w. fehlen, da jede Associationsanregung dieser Natur von dem betreffenden Rindenfelde ausgegangen ist. Verschiebt man die Läsion weiter ins Innere des Associationsfeldes, so wird ihr Effect ein undeutlicher sein; keinesfalls wird sie alle Associationsmöglichkeiten von einer Art vernichten können. Auf diese Weise gewinnen die an die Rindenfelder des Opticus, Akusticus und der motorischen Hirnnerven anstossenden

66 Die Centren haben blos eine pathologisch-anatomische Bedeutung.

Theile des Sprachfeldes die Bedeutung, welche die Pathologie aufweist, und welche zu ihrer Aufstellung als Centren der Sprache geführt hat. Diese Bedeutung gilt aber blos für die Pathologie und nicht auch für die Physiologie des Sprachapparates, denn man kann nicht behaupten, dass in ihnen andere oder bedeutsamere Vorgänge stattfinden, als in jenen Theilen des Sprachfeldes, deren Läsion besser vertragen wird. Es folgt diese Anschauung unmittelbar aus der Weigerung, den Vorgang der Vorstellung von dem der Association zu trennen, und beide Vorgänge an verschiedene Stellen zu localisiren.

Wernicke hat sich diesen Anschauungen in etwas genähert, wenn er in seinen letzten Aeusserungen über dieses Thema die Berechtigung bezweifelt, für das Lesen besondere Centren innerhalb der optischen Rindenendigung, für das Schreiben innerhalb der sogenannten motorischen Armregion anzunehmen (l. c. p. 477). Seine Bedenken sind aber nicht principieller Natur, indem sie auf die blos anatomische Abänderung hinauslaufen, dass die für die Sprache wichtigen optischen und cheiromotorischen Erinnerungsbilder innerhalb der anderen gleicher Natur zerstreut liegen. Dagegen ist Heubner durch die Würdigung des von ihm mitgetheilten Falles zu einer zweifelnden Frage gedrängt worden, welche der für die Sprache von uns behandelten analog ist: „Oder gibt es vielleicht gar keine Rindenfelder für die Seelenblindheit, -taubheit, -lähmung? Entsteht vielmehr das Symptom dieser Zustände nur dadurch, dass die den genannten Functionen unmittelbar dienenden Rindenfelder von der übrigen Hirnrinde durch benachbarte Erweichungsherde abgesperrt werden?"

Wir haben noch zwei Bedenken zu erledigen, welche sich gegen den Werth unserer Auffassung von den Centren richten könnten.

1. Wenn die Zerstörung des Stückes vom Sprachgebiet, welches unmittelbar an ein Rindenfeld (des

Opticus, Akusticus, der Hand, Zunge etc.) anstösst, die geschilderten Folgen für die Sprachfunction hat, blos weil dadurch die Verbindung mit den optischen, akustischen und anderen Associationsanregungen unterbrochen ist, so müsste ja die Zerstörung dieser Rindenfelder selbst dieselbe Folge für die Sprache haben. Dies würde aber direct unseren Erfahrungen widersprechen, welche uns die Localsymptome aller solcher Läsionen ohne Sprachstörung nachweisen. Dieser erste Einwand erledigt sich leicht, wenn man in Betracht zieht, dass **alle anderen Rindenfelder doppelseitig vorhanden sind, das Associationsfeld der Sprache aber nur auf einer Hemisphäre organisirt ist**. Die Zerstörung des einen optischen Rindenfeldes z. B. wird die Verwerthung der visuellen Erregungen für die Sprache (das Lesen) nicht stören, weil das Sprachfeld dabei seine (diesmal durch gekreuzte weisse Fasern) hergestellte Verbindung mit dem optischen Rindenfeld der anderen Seite behält. Rückt die Läsion aber an die Grenze des optischen Rindenfeldes, so tritt Alexie auf, weil nicht nur die Verbindung mit dem gleichseitigen, sondern auch die mit dem gekreuzten optischen Rindenfeld unterbrochen sein mag. Wir haben also die Annahme hinzuzufügen, dass der Anschein von Centren weiterhin dadurch entsteht, dass die gekreuzten Verbindungen von den Rindenfeldern der anderen Hemisphäre an denselben Stellen, nämlich an der Peripherie des Sprachfeldes, hinzukommen, wo auch die Verbindung mit dem gleichseitigen Rindenfelde vor sich geht. Dies ist plausibel, weil ja für die Leistung der Sprachassociation das doppelte Vorhandensein der optischen, akustischen und anderen Anregungen keine physiologische Bedeutung besitzt.

Es ist dies übrigens keine neue Annahme, sondern eine der Centrentheorie entlehnte, dass solche Verbindungen des Sprachbezirkes mit den beiderseitigen Rindenfeldern existiren. Die anatomischen Verhältnisse dieser gekreuzten Association sind übrigens noch nicht sichergestellt und dürften, wenn bekannt, manche Eigenthümlichkeit in Lage und Ausdehnung der scheinbaren Centren, sowie manche individuelle Ausprägungen der Sprachstörungen erklären.

2. Man könnte fragen, welchen Werth es wohl hat, besondere Centren für die Sprachfähigkeit zu bestreiten, wenn wir dabei doch genöthigt sind, von Rindenfeldern, also Centren, des Opticus, des Akusticus und der motorischen Sprachorgane zu reden? Darauf lässt sich erwidern, dass ähnliche Betrachtungen auch für die anderen sogenannten motorischen und Sinnescentren der Rinde zu wiederholen wären, dass man aber Rindenfelder, selbst besser abgegrenzte, für die anderen Functionen nicht bestreiten kann, weil solche durch die anatomische Thatsache der Endigung des Sinnesnerven oder des entsprechenden Antheiles der Pyramidenbahn in bestimmten Hirnrindengebieten charakterisirt sein mögen. Das Associationsfeld der Sprache aber entbehrt dieser directen Beziehungen zur Peripherie des Körpers, es hat sicherlich keine eigenen sensibeln, und höchst wahrscheinlich auch keine besonderen motorischen „Projectionsbahnen".[1])

VI.

Unsere Vorstellung vom Aufbau des centralen Sprachapparates ist also die eines zusammenhängenden Rindengebietes, welches den Raum zwischen den Endstätten des Nervus opticus, acusticus und der motorischen Hirn- und

---

[1]) Den wesentlichen Inhalt dieser Studie habe ich bereits im Jahre 1886 in einem Vortrage dem „Wiener physiologischen Club" mitgetheilt, dessen Verhandlungen aber statutengemäss keinen Anspruch auf Priorität begründen. 1887 erstatteten Nothnagel und Naunyn auf dem Congress für innere Medicin zu Wiesbaden jenes so bekannt gewordene Referat: „Ueber die Localisation der Gehirnkrankheiten", welches in mehreren wichtigen Punkten mit dem Inhalt der vorliegenden Schrift zusammentrifft. Die Ausführungen Nothnagel's über die Auffassung der Rindencentren, sowie die Bemerkungen Naunyn's über die topographischen Verhältnisse der Sprachcentren, werden wahrscheinlich jeden Leser auf die Vermuthung bringen, dass meine Studie auf den Einfluss des hochbedeutsamen Referates jener beiden Forscher zurückzuführen sei. Doch trifft dies nicht zu; die Anregung zu dieser Arbeit erwuchs mir vielmehr aus den Arbeiten Exner's mit meinem verstorbenen Freunde Josef Paneth in Pflüger's Archiv.

Extremitätennerven in der linken Hemisphäre einnimmt, und demnach wahrscheinlich gerade jene Ausdehnung besitzt, die Wernicke in seiner ersten Arbeit ihm zuweisen wollte: das Gebiet der ersten Urwindung um die Sylvi'sche Spalte. Wir haben es abgelehnt, die psychischen Elemente des Sprachvorganges an bestimmte Stellen dieses Gebietes zu localisiren, haben die Vermuthung zurückgewiesen, als beständen innerhalb dieses Gebietes Regionen, welche von der gemeinen Sprachthätigkeit ausgeschlossen sind und für neue Erwerbungen an Sprachkenntnissen frei gehalten werden; wir haben endlich die Thatsache, dass die Pathologie uns Centren der Sprache in allerdings unbestimmter Begrenzung kennen lernt, auf die anatomischen Lageverhältnisse der begrenzenden Rindenfelder und der von der rechten Hemisphäre einstrahlenden Verbindungsbahnen zurückgeführt. Somit sind die Centren der Sprache für uns Rindenstellen geworden, welche zwar eine besondere pathologisch-anatomische, aber keine besondere physiologische Bedeutung beanspruchen dürfen; wir haben das Recht erworben, die Unterscheidung der sogenannten „Centrum"- oder corticalen Aphasien von den Leitungsaphasien zu verwerfen und zu sagen, dass alle Aphasien auf Associations-, also auf Leitungsunterbrechung beruhen. Aphasie durch Zerstörung oder Läsion eines „Centrums" ist für uns nicht mehr und nicht weniger als Aphasie durch Läsion jener Associationsbahnen, die in dem Centrum genannten Knotenpunkte zusammenlaufen.

Wir haben auch behauptet, dass jede Aphasie auf Störung in der Hirnrinde selbst (direct oder durch Fernwirkung entstandene) zu beziehen ist, was so viel bedeuten will, als das Sprachgebiet besitze keine ihm eigenthümlichen zu- und ableitenden Bahnen, die bis zur Körperperipherie reichen. Der Beweis dieser Behauptung liegt darin, dass subcorticale Läsionen bis zur Peripherie keine Sprachstörung erzeugen können, wenn wir die Anarthrie von den anderen Sprachstörungen der Definition nach absondern. Es ist niemals beobachtet worden, dass ein

Mensch durch eine Läsion im Akusticusstamm, in der Oblongata, im hinteren Vierhügelpaar oder in der inneren Kapsel worttaub geworden wäre, ohne auch sonst taub zu sein, oder dass eine partielle Läsion des Opticusstammes, des Zwischenhirns u. s. w. ihn leseblind gemacht hätte. Allerdings unterscheidet Lichtheim eine subcorticale Worttaubheit, eine subcorticale motorische Aphasie, und Wernicke nimmt subcorticale Alexien und Agraphien an. Diese Formen von Sprachstörung leiten sie nicht von Läsionen subcorticaler Associationsbündel ab, welche unsere Betrachtung von den in der Rinde selbst verlaufenden Associationsbündeln nicht zu sondern braucht, sondern von Läsionen radiärer, also zu- und abführender, Sprachbahnen. Es erwächst uns also die Aufgabe, auf die Analyse dieser subcorticalen Sprachstörungen näher einzugehen.

Die Charakteristik einer subcorticalen sensorischen Aphasie lässt sich aus dem Lichtheim'schen Schema, welches eine besondere Hörbahn αA (Fig. 3) für die Sprache kennt, leicht ableiten. Der Kranke wäre nicht im Stande, neu anlangende Wortklänge aufzunehmen, verfügt aber über die Klangbilder und vollzieht alle Sprachfunctionen vollkommen correct. Lichtheim hat auch in der That einen derartigen Fall aufgefunden, dessen erste Krankheitsstadien zwar nicht völlig aufgeklärt sind, der aber in seinem Endverhalten dem durch Unterbrechung von αA entstehenden Bilde völlig entsprach. Ich gestehe, dass es mir mit Rücksicht auf die Bedeutung, welche den „Klangbildern" für den Gebrauch der Sprache zukommt, ausserordentlich schwer gefallen ist, dieser subcorticalen sensorischen Aphasie eine andere Erklärung unterzulegen, welche auf die Annahme einer zuführenden Hörbahn αA verzichtet. Ich war schon im Begriffe, diesen Lichtheim'schen Fall durch eine individuelle Unabhängigkeit der anderen Sprachelemente von den Klangbildern zu erklären, denn Lichtheim's Kranker war ein hochgebildeter Zeitungsschreiber. Doch wäre hierin mit Recht nichts als eine Ausflucht zu sehen gewesen.

Ich habe darum nach ähnlichen Fällen in der Literatur gesucht. Wernicke theilt anlässlich seiner Besprechung der Lichtheim'schen Arbeit mit, dass er eine ganz analoge Beobachtung gemacht und dieselbe in den fortlaufenden Berichten aus seiner Klinik mittheilen werde. Ich habe aber das Ungeschick gehabt, diese Mittheilung in der Literatur nicht aufzufinden.[1]) Dagegen stiess ich auf einen Fall von Giraudeau,[2]) der wenigstens eine grosse Aehnlichkeit mit dem Lichtheim'schen hat. Die Kranke (Bouquinet) war in ihrer Sprache vollkommen ungestört und dabei gleichfalls in hohem Grade worttaub, ohne taub zu sein (wenngleich die Feststellung des letzteren Punktes etwas zu wünschen übrig lässt). Sie war zum mindesten „wortschwerhörig". Sie verstand an sie gerichtete Fragen, aber erst wenn man dieselben mehrmals vor ihr wiederholte, und häufig auch dann nicht. Hatte sie einmal eine Frage verstanden und beantwortet, so setzten alle späteren Antworten den einmal angeregten Gedankengang fort, ohne auf die später gestellten Fragen Rücksicht zu nehmen. Der Unterschied der beiden Fälle verringert sich noch mehr, wenn wir in Betracht ziehen, dass Lichtheim's Kranker ein anderes Verhalten als sonst Worttaube zeigte. Er gab sich gar keine Mühe, die an ihn gerichteten Fragen zu verstehen, er gab überhaupt keine Antwort und schien seine Aufmerksamkeit dem Gehörten gar nicht zuwenden zu wollen. Vielleicht dass der Kranke durch dieses vorsätzliche Benehmen den Anschein der völligen Worttaubheit erwarb, während sich sonst gezeigt hätte, dass sein Sprachverständniss wie das der Bouquinet durch wiederholte dringende Anforderungen zu erzwingen war. Die Worttauben vernehmen sonst die Sprache, die sie nicht verstehen, sie glauben etwas verstanden zu haben, und

---

[1]) **Nachschrift bei der Correctur:** Auf eine private Anfrage an der Breslauer Klinik erhielt ich die Antwort, dass die von Wernicke in dem erwähnten Zusammenhange berührten Fälle in der That noch nicht publicirt worden sind.

[2]) Giraudeau, Révue de médecine, 1882, auch bei Bernard l. c.

ertheilen gewöhnlich eine aus dieser Voraussetzung folgende unpassende Antwort. Giraudeau's Kranke gelangte nun zur Section, und es erwies sich als Ursache ihrer Sprachstörung eine Läsion der ersten und zweiten Schläfenwindung, wie sie so häufig als Ursache gemeiner sensorischer Aphasie gefunden worden ist. Niemand, der einen Blick auf die Zeichnung wirft, die Giraudeau's Mittheilung beigegeben ist, wird vermuthen können, dass diese Läsion etwas Anderes als die gewöhnliche Form der sensorischen Aphasie mit schwerer Sprachstörung verursacht habe. Es kommt aber noch etwas Anderes in Betracht. Die Läsion im Falle Giraudeau's ist wiederum eine ungewöhnliche, ein Tumor (Gliosarkom). Wir erinnern uns dabei einer Vermuthung, die wir bei Besprechung der transcorticalen motorischen Aphasie geäussert haben, dass der Sprachapparat wahrscheinlich nicht blos Localanzeichen gebe, sondern auch eine besondere Natur des Krankheitsprocesses durch eine Abänderung seiner functionellen Symptomatik verrathen dürfte. Wir sehen also, dass der Fall Giraudeau's nichts für die Existenz einer subcorticalen zuführenden Bahn αA beweist. Der Tumor, den die Section aufdeckte, war nicht etwa von der weissen Substanz her nach aussen gewachsen, so dass er in einem früheren Stadium eine blos subcorticale Läsion ergeben hätte. Er war vielmehr mit den Hirnhäuten verwachsen, und aus der erweichten weissen Substanz leicht ausschälbar. Ich glaube also für die subcorticale sensorische Aphasie annehmen zu können, dass sie nicht auf der Läsion der subcorticalen Bahn αA, sondern auf einer Erkrankung derselben Region beruht, welche sonst für die corticale sensorische Aphasie verantwortlich gemacht wird. Für den besonderen functionellen Zustand, den ich in der so erkrankten Stelle voraussetzen muss, kann ich allerdings keine volle Aufklärung geben.[1])

---

[1]) **Nachschrift bei der Correctur:** Ich bin trotz der oben stehenden Erörterungen unter dem Eindrucke verblieben, dass die Erklärung der subcorticalen sensorischen Aphasie (der Worttaubheit ohne

Für die subcorticale motorische Aphasie können wir uns kürzer fassen. Lichtheim charakterisirt sie durch die erhaltene Schreibfähigkeit bei sonstigem Verhalten wie die corticale motorische Aphasie. Wernicke, der die

---

Sprachstörung) mir grosse Schwierigkeiten bereitet, während sie sich nach dem Lichtheim'schen Schema durch eine einfache Unterbrechung (der Bahn aA) erledigt. Es war mir darum von grossem Werthe, noch während der Correcturen dieser Arbeit auf eine Mittheilung von Adler (Beitrag zur Kenntniss der selteneren Formen von sensorischer Aphasie. Neurol. Centralblatt vom 15. Mai und 1. Juni 1891) zu stossen, welche einen derartigen Fall als „Combination von subcorticaler und transcorticaler sensorischer Aphasie" beschreibt.

Die Vergleichung des Adler'schen Falles mit dem Lichtheim'schen (und dem von Wernicke) lässt nun eine bessere Einsicht in die Bedingungen der sogenannten subcorticalen sensorischen Aphasie gewinnen. Es sind insbesondere zwei Punkte, die hier aufklärend wirken: 1. Lichtheim erwähnt die Möglichkeit, dass sein Kranker „in leichtem Grade taub" genannt werden müsse, die Angaben über sein Hörvermögen sind sonst nicht ganz vollständig. Bei Wernicke's Kranken bestand ein Defect für hohe Töne, bei dem Kranken Adler's eine zweifellose Herabsetzung des Hörvermögens, die nach dem Autor höchstwahrscheinlich durch eine Störung im Schallleitungsapparat bedingt war. Es ergibt sich heraus die Wahrscheinlichkeit, dass — wie bei den später zu erwähnenden Fällen von Arnaud — eine gemeine, peripherisch oder central bedingte Taubheit nicht ohne Einfluss auf das Krankheitsbild geblieben ist. 2. Entscheidender ist noch die folgende, kaum zufällig herbeigeführte Uebereinstimmung. Beide Fälle (Lichtheim und Adler; die knappe Mittheilung Wernicke's schweigt hierüber) haben das Bild der subcorticalen sensorischen Aphasie erst nach wiederholten Anfällen von Gehirnerkrankung ergeben, von denen mindestens einer die rechte, nicht der Sprachfunction dienende Hemisphäre betraf, denn der Kranke Lichtheim's wies eine linksseitige Facialparese, der Adler's eine linksseitige Hemiplegie auf. Adler hebt dies Zusammentreffen auch hervor, ohne natürlich dessen Bedeutung für die Erklärung der reinen Worttaubheit zu erkennen. Ich halte mich aber zur Annahme berechtigt, dass die subcorticale sensorische Aphasie nicht, wie es nach Lichtheim's Schema sein sollte, durch eine einfache Bahnunterbrechung, sondern durch unvollständige doppelseitige Läsionen des Hörfeldes vielleicht unter dem Einflusse peripherischer Hörstörungen (wie bei Arnaud) entsteht und finde, dass diese Complication von Vorbedingungen für das anscheinend so einfache Bild von Sprachstörung besser zu meiner, als zu Lichtheim's Auffassung der sensorischen Aphasien stimmt.

Störungen der Schriftsprache einer eingehenderen Analyse unterzogen hat, beseitigt selbst dieses unterscheidende Merkmal. Für ihn kennzeichnet sich die subcorticale motorische Aphasie dadurch, dass die Kranken „im Stande sein werden, die Silbenzahl anzugeben". Wir haben gehört, welchen Controversen diese Lichtheim'sche Probe unterliegt. Einige Beobachtungen von Dejerine[1]) haben seither die Bedeutung der Lichtheim'schen Silbenprobe für die Diagnose der subcorticalen motorischen Aphasie bestätigt; nur, dass wir diese Fälle mit ebensogutem Rechte der Anarthrie, und nicht der Aphasie zurechnen könnten.

Mehrere gut beobachtete Fälle, zuletzt einer von Eisenlohr,[2]) lassen glauben, dass Läsion unterhalb der Broca'schen Stelle eine Sprachstörung schafft, welche sich als literale Paraphasie bezeichnen lässt und den Uebergang zur Anarthrie darstellt. Für den motorischen Theil des Sprachapparates allein wäre also eine besondere Bahn zur Peripherie zuzugeben.

Legen wir dem motorischen Rindengebiet der Sprache ein besonderes abführendes Bündel bei, so wollen wir doch bemerken, dass dessen Läsion Erscheinungen macht, welche sich, je tiefer, desto mehr, einer Anarthrie nähern. Die Aphasie bleibt darum doch eine Rindenerscheinung.

Fügen wir also unserer Auffassung des Sprachapparates hinzu, dass er bis auf die Bahn, deren Läsion sich durch Anarthrie verräth, keine besonderen zu- oder abführenden Bahnen besitzt. Von den sogenannten subcorticalen Lese- und Schreibstörungen werden wir später in Kurzem handeln.

Wir wollen nun nachsehen, welcher Annahmen wir für die Erklärung der Sprachstörungen auf Grund eines solchen Aufbaues des Sprachapparates bedürfen, mit an-

---

[1]) Dejerine, Contribution á l'étude de l'aphasie motrice sous-corticale et de la localisation cérébrale des centres laryngés (muscles phonateurs). Compt. rend. de la Soc. de Biologie 1891, No 8.
[2]) L. c.

deren Worten, was uns das Studium der Sprachstörungen für die Function dieses Apparates lehrt. Dabei wollen wir die psychologische und die anatomische Seite des Gegenstandes möglichst voneinander trennen.

Für die Psychologie ist die Einheit der Sprachfunction das „Wort", eine complexe Vorstellung, die sich als zusammengesetzt aus akustischen, visuellen und kinästhetischen Elementen erweist. Die Kenntniss dieser Zusammensetzung verdanken wir der Pathologie, welche uns zeigt, dass bei organischen Läsionen im Sprachapparate eine Zerlegung der Rede nach dieser Zusammensetzung eintritt. Wir werden so darauf vorbereitet, dass der Wegfall einer dieser Elemente der Wortvorstellung sich als das wesentlichste Kennzeichen erweisen wird, welches uns auf die Localisation der Erkrankung zu schliessen gestattet. Man führt gewöhnlich vier Bestandtheile der Wortvorstellung an: „das Klangbild", das „visuelle Buchstabenbild", das „Sprachbewegungsbild" und das „Schreibbewegungsbild". Diese Zusammensetzung erscheint aber complicirter, wenn man auf den wahrscheinlichen Associationsvorgang bei den einzelnen Sprachverrichtungen eingeht:

1. Wir lernen sprechen, indem wir ein „Wortklangbild" mit einem „Wortinnervationsgefühl" associiren. Wenn wir gesprochen haben, sind wir in den Besitz einer „Sprachbewegungsvorstellung" (centripetale Empfindungen von den Sprachorganen) gelangt, so dass das „Wort" für uns motorisch doppelt bestimmt ist. Von den beiden bestimmenden Elementen scheint das erstere, die Wortinnervationsvorstellung, psychologisch den geringsten Werth zu besitzen, ja es kann deren Vorkommen als psychisches Moment überhaupt bestritten werden. Ausserdem erhalten wir nach dem Sprechen ein „Klangbild" des gesprochenen Wortes. So lange wir unsere Sprache nicht weiter ausgebildet haben, braucht dieses zweite Klangbild dem ersten nur associirt, nicht gleich zu sein. Auf dieser Stufe (der kindlichen Sprachentwickelung) bedienen wir uns einer selbst geschaffenen Sprache, wir verhalten

uns dabei auch wie motorisch Aphasische, indem wir verschiedene fremde Wortklänge mit einem einzigen selbst producirten associiren.

2. Wir lernen die Sprache der Anderen, indem wir uns bemühen, das von uns selbst producirte Klangbild dem möglichst ähnlich zu machen, was den Anlass zur Sprachinnervation gegeben hat. Wir erlernen so das „Nachsprechen". Wir reihen beim „zusammenhängenden Sprechen" dann die Worte aneinander, indem wir mit der Innervation des nächsten Wortes warten, bis das Klangbild oder die Sprachbewegungsvorstellung (oder beide) des vorigen Wortes angelangt ist. Die Sicherheit unseres Sprechens erscheint so überbestimmt und kann den Ausfall des einen oder des anderen der bestimmenden Momente gut vertragen. Indes erklären sich aus diesem Wegfall der Correctur durch das zweite Klangbild und durch das Sprachbewegungsbild manche Eigenthümlichkeiten der — physiologischen und pathologischen — Paraphasie.

3. Wir lernen buchstabiren, indem wir die visuellen Bilder der Buchstaben mit neuen Klangbildern verknüpfen, die uns indes an die bereits bekannten Wortklänge erinnern müssen. Das den Buchstaben bezeichnende Klangbild sprechen wir sofort nach, so dass der Buchstabe uns wiederum durch zwei Klangbilder, die sich decken, und zwei motorische Vorstellungen, die miteinander correspondiren, bestimmt erscheint.

4. Wir lernen lesen, indem wir das Nacheinander der Wortinnervations- und Wortbewegungsvorstellungen, die wir beim Sprechen der einzelnen Buchstaben erhalten, nach gewissen Regeln verknüpfen, so dass neue motorische Wortvorstellungen entstehen. Sobald letztere ausgesprochen sind, entdecken wir nach dem Klangbild dieser neuen Wortvorstellungen, dass uns beide Wortbewegungs- und Wortklangbilder, die wir so erhalten haben, längst bekannt und mit den während des Sprechens gebrauchten identisch sind. Nun associiren wir diesen buchstabirend gewonnenen Sprachbildern die Bedeutung, welche den primären Wort-

klängen zukam. Wir lesen jetzt mit Verständniss. Wenn wir primär nicht eine Schriftsprache, sondern einen Dialekt gesprochen haben, so müssen wir die beim Buchstabiren gewonnenen Wortbewegungsbilder und Klangbilder den alten superassociiren und so eine neue Sprache erlernen, was durch die Aehnlichkeit von Dialekt und Schriftsprache erleichtert wird.

Aus dieser Darstellung des Lesenlernens ersieht man, dass dasselbe einen sehr complicirten Vorgang ausmacht, dem ein wiederholtes Hin und Her der Associationsrichtung entsprechen muss. Man wird ferner darauf vorbereitet, dass die Störungen des Lesens bei der Aphasie in sehr verschiedenartiger Weise erfolgen müssen. Massgebend für eine Läsion des visuellen Elementes beim Lesen wird blos die Störung im Buchstabenlesen sein. Das Zusammensetzen der Buchstaben zu einem Worte geschieht während der Uebertragung auf die Sprachbahn, es wird also bei motorischer Aphasie aufgehoben sein. Das Verstehen des Gelesenen erfolgt erst vermittelst der Klangbilder, welche die ausgesprochenen Worte ergeben, oder vermittelst der Wortbewegungsbilder, welche beim Sprechen entstanden sind. Es erweist sich also als eine Function, die nicht nur bei motorischer, sondern auch bei akustischer Läsion untergeht, ferner als eine Function, die unabhängig von der Ausführung des Lesens ist. Die Selbstbeobachtung zeigt Jedermann, dass es mehrere Arten des Lesens gibt, von denen die eine oder andere auf das Verständniss des Lesens verzichtet. Wenn ich Correcturen lese, wobei ich vorhabe, den visuellen Bildern der Buchstaben und anderen Schriftzeichen besondere Aufmerksamkeit zu schenken, entgeht mir der Sinn des Gelesenen so sehr, dass ich für stilistische Verbesserungen der Probe einer besonderen Durchlesung bedarf. Lese ich ein Buch, das mich interessirt, z. B. einen Roman, so übersehe ich dafür alle Druckfehler, und es kann mir geschehen, dass ich von den Namen der darin handelnden Personen nichts im Kopfe behalte als einen verworrenen Zug und etwa die Erinnerung, dass sie lang oder kurz sind, und einen auffälligen Buchstaben, ein x oder z, enthalten. Wenn ich vorlesen soll, wobei ich den Klangbildern meiner Worte und deren Intervallen besondere Aufmerksamkeit schenken muss, so bin ich wieder in Gefahr, mich um den Sinn zu wenig zu kümmern, und sobald ich ermüde, lese ich so, dass es zwar der Andere noch verstehen kann, ich selbst aber nicht mehr weiss, was ich gelesen habe. Es sind dies Phänomene der getheilten Aufmerksamkeit, die gerade hier in Betracht kommen, weil das Verständniss des Gelesenen erst auf einem so weiten Umwege erfolgt. Dass von solchem Verständniss keine Rede mehr ist, wenn der Lesevorgang selbst Schwierigkeiten bietet, wird durch die Analogie mit unserem Verhalten beim Lesenlernen klar, und wir werden uns hüten müssen, den Wegfall eines solchen Verständnisses für Anzeichen einer Bahnunterbrechung zu halten. Das Lautlesen ist für keinen anderen Vorgang zu halten, als das Leiselesen, ausser dass es die Aufmerksamkeit von dem sensorischen Theil des Lesevorganges abziehen hilft.

5. Wir lernen schreiben, indem wir die visuellen Bilder der Buchstaben durch Innervationsbilder der Hand reproduciren, bis gleiche oder ähnliche visuelle Bilder entstanden sind. In der Regel sind die Schriftbilder den Lesebildern nur ähnlich und superassociirt, da wir Druckschrift lesen und Handschrift schreiben lernen. Das Schreiben erweist sich als ein verhältnissmässig einfacher und nicht so leicht wie das Lesen zu störender Vorgang.

6. Es ist anzunehmen, dass wir die einzelnen Sprachfunctionen auch späterhin auf denselben Associationswegen ausüben, auf welchen wir sie erlernt haben. Es mögen dabei Abkürzungen und Vertretungen stattfinden, aber es ist nicht immer leicht zu sagen, von welcher Natur. Die Bedeutung derselben wird noch durch die Bemerkung herabgesetzt, dass in Fällen von organischer Läsion der Sprachapparat wahrscheinlich als Ganzes einigermassen geschädigt und zur Rückkehr zu den primären, gesicherten und umständlicheren Associationsweisen genöthigt sein wird. Für das Lesen macht sich bei Geübten unzweifelhaft der Einfluss

des „visuellen Wortbildes" geltend, so dass einzelne Worte (Eigennamen) auch mit Umgehung des Buchstabirens gelesen werden können.

Das Wort ist also eine complexe, aus den angeführten Bildern bestehende Vorstellung oder, anders ausgedrückt, dem Wort entspricht ein verwickelter Associationsvorgang, den die aufgeführten Elemente visueller, akustischer und kinästhetischer Herkunft miteinander eingehen.

Fig. 8.

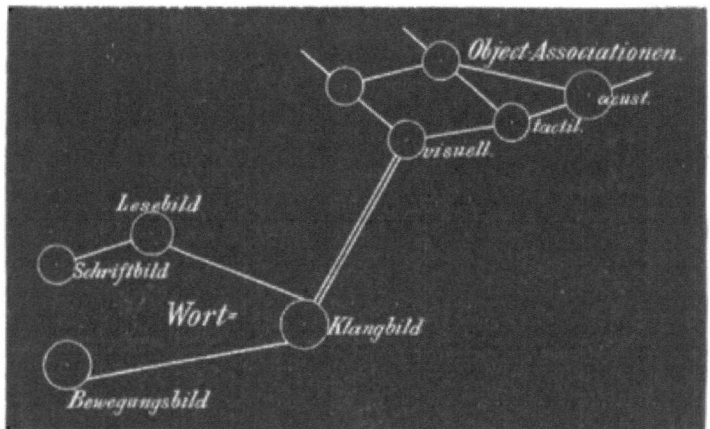

Psychologisches Schema der Wortvorstellung.
Die Wortvorstellung erscheint als ein abgeschlossener Vorstellungscomplex. die Objectvorstellung dagegen als ein offener. Die Wortvorstellung ist nicht von allen ihren Bestandtheilen, sondern blos vom Klangbild her mit der Objectvorstellung verknüpft. Unter den Objectassociationen sind es die visuellen, welche das Object in ähnlicher Weise vertreten, wie das Klangbild das Wort vertritt. Die Verbindungen des Wortklangbildes mit anderen Objectassociationen als den visuellen sind nicht eingezeichnet.

Das Wort erlangt aber seine Bedeutung durch die Verknüpfung mit der „Objectvorstellung", wenigstens wenn wir unsere Betrachtung auf Substantiva beschränken. Die Objectvorstellung selbst ist wiederum ein Associationscomplex aus den verschiedenartigsten visuellen, akustischen, taktilen, kinästhetischen und anderen Vorstellungen. Wir entnehmen der Philosophie, dass die Objectvorstellung ausserdem nichts Anderes enthält, dass der Anschein eines „Dinges", für dessen verschiedene „Eigenschaften" jene Sinneseindrücke sprechen, nur dadurch zu Stande kommt, dass wir bei der Aufzählung der Sinneseindrücke, die wir von einem Gegenstande erhalten haben, noch die Möglichkeit einer grossen Reihe neuer Eindrücke in derselben Associationskette hinzu nehmen (J. S. Mill).[1]) Die Objectvorstellung erscheint uns also nicht als eine abgeschlossene, kaum als eine abschliessbare, während die Wortvorstellung uns als etwas Abgeschlossenes, wenngleich der Erweiterung Fähiges erscheint.

Die Behauptung, die wir auf Grund der Pathologie der Sprachstörungen nun aufstellen müssen, geht dahin, dass die Wortvorstellung mit ihrem sensibeln Ende (vermittelst der Klangbilder) an die Objectvorstellung geknüpft ist. Wir gelangen somit dazu, zwei Classen von Sprachstörung anzunehmen: 1. Eine Aphasie erster Ordnung, verbale Aphasie, bei welcher blos die Associationen zwischen den einzelnen Elementen der Wortvorstellung gestört sind, und 2. eine Aphasie zweiter Ordnung, asymbolische Aphasie, bei welcher die Association von Wort- und Objectvorstellung gestört ist.

Ich verwende die Bezeichnung Asymbolie in anderem Sinne, als seit Finkelnburg[2]) gebräuchlich ist, weil mir die Beziehung zwischen Wort und Objectvorstellung eher den Namen einer „symbolischen" zu verdienen scheint, als die zwischen Object und Objectvorstellung. Störungen im Erkennen von Gegenständen, welche Finkelnburg als Asymbolie zusammenfasst, möchte ich vorschlagen „Agnosie" zu nennen. Es wäre nun möglich, dass agnostische Störungen, die nur bei doppelseitigen und ausgebreiteten Rindenläsionen

---

[1]) J. St. Mill, Logik I, Cap. III, und: An examination of Sir William Hamilton's philosophy.

[2]) Nach Spamer, Ueber Aphasie und Asymbolie, nebst Versuch einer Theorie der Sprachbildung. Archiv f. Psych. VI, 1876.

zu Stande kommen können, auch eine Störung der Sprache mit sich ziehen, da alle Anregungen zum spontanen Sprechen aus dem Gebiet der Objectassociationen stammen. Solche Sprachstörungen würde ich **Aphasien dritter Ordnung** oder **agnostische Aphasien** heissen. Die Klinik hat uns in der That einige Fälle kennen gelehrt, welche diese Auffassung fordern.

Die erste dieser agnostischen Aphasien ist ein Fall von Farges,[1]) der schlecht beobachtet und durch die Bezeichnung „Aphasie chez une tactile" auch in möglichst unpassender Weise gedeutet worden ist. Doch hoffe ich so viel klarstellen zu können, als zur Erkennung des Thatbestandes hinreicht.

Es handelte sich um eine Kranke, die aus cerebraler Ursache erblindet war, also wahrscheinlich doppelseitige Rindenherde hatte. Dieselbe reagirte nicht auf Anreden und wiederholte unaufhörlich, wenn man sich mit ihr in Verbindung setzen wollte: „Je ne veux pas, je ne peux pas!" im Tone der äussersten Ungeduld. Sie erkannte den Arzt auch nicht an seiner Stimme. Sobald der Arzt ihr aber den Puls fühlte, ihr also eine Tastvorstellung zukommen liess, erkannte sie ihn, nannte richtig seinen Namen, unterhielt sich mit ihm ohne Sprachstörung u. s. w., bis er ihre Hand freiliess und dadurch wieder für sie unerreichbar wurde. Dasselbe geschah, wenn man ihr eine Tastvorstellung (Geruchs-, Geschmackvorstellung) von einem Object verschaffte. So lange sie dieselbe hatte, verfügte sie auch über die erforderten Worte und benahm sich in zweckmässiger Weise; sobald ihr dieselbe entzogen war, wiederholte sie ihre monotone Betheuerung der Ungeduld, oder sprach unzusammenhängende Silben und erwies sich dem Sprachverständniss unzugänglich. Diese Kranke hatte also einen vollkommen intacten Sprachapparat, über den sie so lange nicht verfügen konnte, bis er nicht von den allein erhaltenen Objectassociationen aus angeregt worden war.

---

[1]) Farges, Aphasie chez une tactile. L'encéphale. 1885. Nr. 5.

Eine zweite solche Beobachtung hat C. S. Freund[1]) veranlasst, die Kategorie der **optischen Aphasie** aufzustellen. Freund's Kranker zeigte Schwierigkeiten beim spontanen Sprechen und beim Benennen der Gegenstände ganz wie bei sensorischer Aphasie durch Läsion des akustischen Gebietes. Eine „Kerze" nannte er z. B. eine „Brille"; bei nochmaligem Ansehen sagte er: „Es ist halt so zum Aufsetzen, ein Cylinder", hierauf: „Es ist doch halt mal ein Stearinlicht." Liess man ihn aber den Gegenstand bei geschlossenen Augen in die Hand nehmen, so fand er schnell den richtigen Namen. Der Sprachapparat war also intact, er reagirte blos fehlerhaft von den optischen Objectassociationen her, während er bei Anregung von den tactilen Objectassociationen richtig arbeitete. Der Einfluss der Störung in den Objectassociationen geht im Falle Freund's übrigens nicht so weit wie in dem von Farges. Freund's Kranker verschlechterte sich progressiv, wurde später vollkommen worttaub und zeigte bei der Section Läsionen, die nicht nur das Sehgebiet, sondern auch das Sprachgebiet betrafen.

Die Thatsache, dass Störungen in den optischen Elementen der Objectvorstellungen eine solche Einwirkung auf die Sprachfunction üben können, erklärt sich daraus, dass die Gesichtsbilder die hervorragendsten und wichtigsten Bestandtheile unserer Objectvorstellungen sind. Wenn sich bei einem Menschen die Denkarbeit wesentlich mit Hilfe dieser optischen Bilder vollzieht, wofür nach Charcot individuelle Ausprägung massgebend ist, müssen doppelseitige Läsionen im optischen Rindengebiet Störungen auch der Sprachfunctionen hervorrufen, die weit über das durch Localisation Erklärbare hinausgehen. Farges hätte seine Beobachtung mit weit mehr Recht als „Aphasie chez une visuelle" bezeichnen dürfen.

Während diese Fälle von agnostischer Aphasie auf functioneller Fernwirkung ohne organische Läsion des Sprachapparates beruhen, muss bei den Fällen von ver-

---

[1]) C. S. Freund, Ueber optische Aphasie und Seelenblindheit. Arch. f. Psych. XX, 1889.

baler und asymbolischer Aphasie die Läsion des Sprachapparates selbst zum Ausdrucke kommen. Wir werden uns jetzt bemühen, hier die functionellen wie die topischen

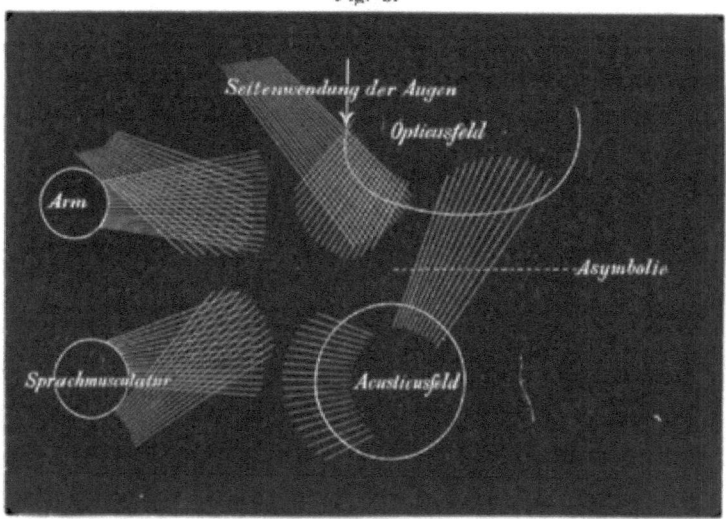

Anatomisches Schema des Sprachassociationsfeldes.

Zur Erklärung des Anscheines von Sprachcentren. Die Rindenfelder des Akusticus, Opticus, des Armes und der Sprachmusculatur sind durch Kreise schematisirt; die von ihnen in das Innere des Sprachfeldes gelangenden Associationsbahnen durch Strahlenbüschel dargestellt. Wo letztere durch die von ihren Ursprüngen abgeschnittenen Büschel gekreuzt werden, entsteht ein „Centrum" für das betreffende Associationselement. Für das Akusticusfeld sind die doppelseitigen Verbindungen nicht eingezeichnet, theils um die Figur nicht zu verwirren, theils wegen der Unklarheit, die gerade über das Verhältniss von Hörfeld und akustischem Sprachcentrum besteht. — Die Verbindungen mit dem Opticusfeld auch räumlich in zwei Bündel zu zerlegen, gestattet die Erwägung, dass zur Leseassociation die Augenbewegungen in besonderer Weise herangezogen sind.

Momente, die bei der Erklärung dieser Sprachstörungen in Betracht kommen, möglichst zu sondern.

Wir entwerfen uns ein Schema, welches von den genaueren anatomischen Lageverhältnissen absieht und nur die Beziehungen der einzelnen Elemente der Sprachassociationen darstellen soll (Fig. 9). Wir stellen in demselben durch

Kreise nicht die sogenannten Centren der Sprache, sondern die Rindenfelder dar, zwischen denen die Sprachassociationen verlaufen. Die ihnen zunächst anstossenden Partien des Sprachfeldes gewinnen die Bedeutung von Sprachcentren durch die (bei der Hand, der Sprachmusculatur und beim Opticus eingezeichneten) gekreuzten Verbindungen mit der anderen Hemisphäre. Es ergibt sich dann, dass es drei Sprachstörungen gibt, welche in der verbalen Aphasie die Localisation einer Läsion zum Ausdruck bringen. Sitzt die Läsion nämlich in den, den Rindenfeldern benachbarten, als Centren der Sprache bekannten Theilen des Sprachfeldes, so wird sie zum Effect haben, dass die: 1. Uebertragung auf die Sprachbahn, 2. auf die Schreibbahn der Hand, 3. das Erkennen der Buchstaben unmöglich ist, somit dass uncomplicirte motorische Aphasie, Agraphie, Buchstabenalexie entsteht. Je weiter central die Läsion ins Sprachfeld hineinrückt, desto weniger wird ihr Effect sich als Ausschaltung eines der Elemente aus den Sprachassociationen geltend machen, und desto mehr wird die Erscheinung der Sprachstörung von den functionellen Momenten abhängen, welche für den Sprachapparat unabhängig von dem Orte der Läsion bestimmend sind. Wir können also in der verbalen Aphasie blos den Ausfall einzelner der Associationselemente auf Localisation beziehen und durch solche erklären. Es wird die Sicherheit der Diagnose fördern, wenn sich die Läsion zwar nicht tiefer ins Sprachgebiet, aber wohl weiter in die dasselbe begrenzenden Rindenfelder erstreckt, wenn also die motorische Aphasie von einer Hemiplegie, die Alexie von einer Hemianopsie begleitet ist.

Die asymbolische Sprachstörung kann in einzelnen Fällen rein und als Folge einer Läsion, welche nicht ausgebreitet ist, und senkrecht auf die Associationsrichtung verläuft, vorliegen. So ist es im Falle von Heubner, der eine geradezu ideale Abtrennung des Sprachgebietes von seinen Associationen durch einen Erweichungsherd aufzeigt, der um den Knoten des Sprachgebietes, die akustische Region, herumläuft. Asymbolische Sprachstörung ohne Complication (mit Erhaltung aller Wortassociationen) kann sich vielleicht auch durch einen blos functionellen Zustand des ganzen Sprachapparates ergeben, denn Manches deutet darauf hin, dass die Verbindung von Wort- und Objectvorstellung der erschöpfbarste Theil der Sprachleistung ist, gewissermassen ihr schwacher Punkt. Pick hat z. B. in einer interessanten Arbeit der vorübergehenden Worttaubheit nach epileptischen Anfällen Aufmerksamkeit geschenkt.[1]) Die von ihm beobachtete Kranke zeigte während der Erholung vom Anfalle asymbolische Sprachstörung. Sie war früher im Stande, Vorgesprochenes zu wiederholen, ehe sie es verstand.

Die Erscheinung der Echolalie, des Wiederholens von Fragen, scheint durchaus der asymbolischen Störung zuzugehören. In manchen dieser Fälle, z. B. in dem von Skwortzoff[2]) (Obs. x) und Fränkel[3]) (bei Ballet) erweist sich die Echolalie als ein Mittel, die erschwerte Beziehung des Gehörten zu den Objectassociationen durch Verstärkung der Wortklänge zu erreichen. Diese Kranken verstanden nämlich die Frage nicht unmittelbar, verstanden sie aber und konnten sie beantworten, nachdem sie sie wiederholt hatten. Wir werden uns an dieser Stelle auch der Aufstellung von Ch. Bastian erinnern, dass ein Sprachcentrum, das in seiner Function geschädigt ist, zuerst die Fähigkeit verliert, auf „willkürliche" Anregung hin zu arbeiten, während es noch auf sensibeln Anreiz und in Association mit anderen Sprachcentren leistungsfähig bleiben kann. Jede „willkürliche" Anregung der Sprachcentren geht aber durch das Gebiet der akustischen Vorstellungen und besteht in einer Anregung derselben von den Objectassociationen aus.

---

[1]) Pick, Zur Localisation einseitiger Gehörshallucinationen nebst Bemerkungen über transitorische Worttaubheit. Jahrb. f. Psych. VIII. 1889 und l. c. Arch. f. Psych. XXII, 1891.

[2]) Skwortzoff, De la cécité et de la surdité des mots dans l'aphasie. Paris 1881.

[3]) Ballet, Le langage intérieur et les diverses formes de l'aphasie. Paris 1886.

Wir finden so, dass die Entstehung einer sogenannten transcorticalen sensorischen Aphasie auf Läsion beruhen kann, aber jedenfalls auch functionell begünstigt ist. Beiderlei Momente wirken hier in derselben Richtung. Häufiger als die reine Asymbolie ist die gemischte asymbolisch-verbale Aphasie durch Läsion des akustischen Elementes der Sprache. Da alle anderen Verbalassociationen an das Klangbild anknüpfen, wird eine irgend ausgiebige Läsion des Sprachgebietes in der Nähe des Akusticusfeldes beides zur Folge haben, sowohl die Unterbrechung der Wortassociationen untereinander, als die Störung der Wortassociation mit den Objectassociationen. Das so resultirende Bild ist das der sensorischen Aphasie Wernicke's, welches auch Störungen im Leseverständniss, im Sprechen und Nachsprechen in sich fasst. Das Gebiet, um dessen Läsion es sich handelt, ist wahrscheinlich so gross, dass bei kleineren Läsionen bald die verbale, bald die asymbolische Störung sich reiner ausprägt. Eine genaue anatomische Kenntniss der Stellen, an denen die verschiedenartigen Bahnen des akustischen Sprachfeldes einlangen wäre natürlich für alle Zwecke einer genaueren Localisation unentbehrlich. Eine solche ist derzeit nicht vorhanden.

Wir dürfen nur annehmen, dass die wichtigste Associationsrichtung für die Symbolassociation die zum optischen Rindenfeld ist, da unter den Objectassociationen die optischen Erinnerungsbilder gewöhnlich die Hauptrolle spielen. Sind diese Associationen unmöglich, so kann das Sprachfeld allerdings noch Impulse von der übrigen Rinde, nämlich von den tactilen, gustativen und anderen Associationen her erhalten, es kann überhaupt noch zum Sprechen angeregt werden. Wir erklären uns so, dass das spontane Sprechen bei noch so ausgeprägter asymbolisch-verbaler Aphasie nicht aufgehoben ist, aber die Charaktere der Verarmung an Redetheilen von enger Bedeutung zeigt. Diese (Hauptwörter, Eigenschaftswörter) wurden meist auf optische Anregung hin gesprochen. Auf die Anregung von den anderen Objectassociationen her, welche wahrscheinlich an anderen Stellen des akustischen Feldes eintreten, producirt das Sprachfeld eben eine verstümmelte Sprache, oder es überträgt alle in ihm möglichen Anregungen, welche keiner engeren Objectassociation bedürfen, wie Partikeln, Silben (Kauderwelsch), auf die motorische Sprachbahn.

Wir erinnern uns, dass zwischen der (allerdings sehr ausgebreiteten) Rindenendigung des Opticus und der des Akusticus nicht nur die Associationsbahnen verlaufen, welche Wort- und Objectvorstellung verknüpfen, sondern auch die Bahn, welche das Verständniss der visuellen Buchstabenbilder ermöglicht. Es ist also möglich, dass bei gewisser Localisation eine Lesestörung nebst einer asymbolischen Sprachstörung aus Gründen anatomischer Contiguität zu Stande kommt, und die Klinik zeigt, dass eine derartige Combination von Alexie mit grösseren oder geringeren Graden von Asymbolie thatsächlich bei Erkrankung des parietalen Randes der ersten Urwindung beobachtet wird. Das Zusammentreffen der beiden Symptome ist aber, wie gesagt, kein nothwendiges. Läsionen dieser Region erzeugen sonst nur Alexie als rein verbale Störung; wenn ausserdem Asymbolie entstehen soll, so müssen doppelseitige Läsionen des optischen Rindengebietes vorhanden sein. In der Nähe des akustischen Sprachgebietes entsteht Asymbolie bereits in Folge einseitiger Läsion (wegen der Verbindung des „Sprachcentrums" mit den optischen Einstrahlungen aus beiden Hemisphären). Die Combination von Asymbolie mit Worttaubheit kommt also leichter zu Stande, als die von Asymbolie mit Alexie; die erstere bedarf einer nur einseitigen Läsion in der Nähe des akustischen Rindenfeldes, die zweite einer doppelseitigen Läsion, die aber dann von letzterem entfernt liegen kann.[1])

---

[1]) Es ist wahrscheinlich nicht ohne Bedeutung, dass die reine (nach Wernicke subcorticale) Alexie so häufig bei Läsion des parietalen Randes der ersten Urwindung (Gyrus angularis und supramarginalis) gefunden wird. Wir erinnern uns, dass die Läsion des unteren Scheitelläppchens eine dauernde Seitenwendung beider Augen hervorruft, jene Art der Augenbewegung, die beim Lesen mit den visuellen Buchstabenbildern associirt wird.

C. S. Freund hat die in Rede stehende combinirte Sprachstörung als optische Aphasie beschrieben, indes, wie mir scheint, den Antheil der agnotischen Aphasie von dem der asymbolischen hierbei nicht getrennt.[1])

So weit, scheint es, können wir den Einfluss des topischen Momentes der Läsion für die Symptomatologie der Sprachstörungen verfolgen. Wir haben im Wesentlichen herausgefunden, dass dieser Einfluss sich geltend macht, wenn zwei Bedingungen erfüllt sind: 1. Wenn die Läsion in einem der Sprachcentren in unserem Sinne (den extremen Regionen des Sprachassociationsfeldes) sitzt, und 2. wenn sie dasselbe völlig functionsuntüchtig macht. Der Erfolg der Läsion zeigt sich dann als Ausfall eines der Elemente, welche mitsammen die Sprachassociationen eingehen. Für alle anderen Fälle werden sich neben dem topischen Moment functionelle Verhältnisse bemerkbar machen, und zwar müssen wir dann unterscheiden, welche der beiden angeführten Bedingungen unerfüllt geblieben ist. Sitzt die Läsion zwar in einem ·der Knoten des Sprachapparates, aber ohne denselben zu destruiren, so wird dieses Element der Sprachassociation auf die Läsion als Ganzes mit einer Veränderung seiner Functionsbedingungen reagiren. Es kommen dann die Bastian'schen Modificationen zur Geltung. Sitzt die Läsion dagegen central, so wird sie selbst bei destructiver Wirkung nichts Anderes machen können, als

---

[1]) Siemerling (Ein Fall von sogenannter Seelenblindheit nebst anderweitigen cerebralen Symptomen. Archiv f. Psych. XXI, 1890) hat gezeigt, „dass es gelingt, experimentell einen Zustand hervorzurufen, welcher dem der Seelenblindheit ähnlich ist, lediglich durch Herabsetzung der Sehschärfe und durch Monochromasie". Was man aber so experimentell erzeugt, deckt sich nicht völlig mit dem klinischen Bilde der optischen Agnosie. Es kommt hinzu, dass der Kranke auf Grund seiner undeutlichen Wahrnehmungen illusionirt, während sich der Gesunde einfach unschlüssig fühlt. Desgleichen illusioniren die Aphasischen mit Alexie oder Worttaubheit. Ein Kranker Ross' (l. c.) konnte stundenlang in der Zeitung lesen, ohne sie zu verstehen; er wunderte sich dann darüber, was für Unsinn man jetzt in die Zeitung setze. Die Worttauben geben gewöhnlich Antwort, weil sie vermeinen, eine Frage verstanden zu haben.

solche Functionsherabsetzungen, wie ich sie nun aufzuzählen versuche, und wie sie sich aus der allgemeinen Beschaffenheit eines Associationsapparates überhaupt ergeben. Die Ausdehnung der Läsion beschränkt sich in diesem Falle durch die Bemerkung, dass sie nach keiner Seite ein Centrum berühren darf.

Wir stellen für die Beurtheilung der Function des Sprachapparates unter pathologischen Verhältnissen den Satz von Hughlings Jackson voran, dass alle diese Reactionsweisen Fälle von functioneller Rückbildung (Dis-involution) des hochorganisirten Apparates darstellen, und somit früheren Zuständen in dessen functioneller Entwickelung entsprechen. Es wird also unter allen Bedingungen eine spät entwickelte, höher stehende Associationsanordnung verloren gehen, eine früh gewonnene, einfachere erhalten bleiben.

Unter diesem Gesichtspunkt erklärt sich eine grosse Anzahl von Erscheinungen der Aphasie. 1. Zunächst der Verlust neuer Spracherwerbungen als Superassociationen bei Erhaltung der Muttersprache in Folge irgend einer Erkrankung des Sprachapparates. Ferner die Natur der Sprachreste bei motorischer Aphasie, wobei so häufig nur „Ja" und „Nein" und andere seit Anfang des Sprechens gebrauchte Worte der Verfügung des Kranken erhalten bleiben.

2. Eine andere Behauptung kann lauten, dass die am häufigsten eingeübten Associationen der Zerstörung am ehesten widerstehen. Dahin gehört es, dass Agraphische noch am ehesten ihren Namen schreiben können, sowie viele Schreibunkundige gerade nur ihren Namen schreiben können. (Eine Erhaltung des eigenen Namens bei motorischer Aphasie kommt hingegen nicht vor und ist auch nicht zu erwarten, weil wir unseren Namen sehr selten aussprechen.) Der Einfluss des Berufes kann sich auf Grund dieses Satzes sehr auffällig zeigen; so entnehme ich z. B. Hammond die Beobachtung eines Schiffscapitäns, der, asymbolisch-aphasisch geworden, alle Gegenstände mit dem Namen von Schiffsobjecten bezeichnen musste. Auch ganze Sprachfunctionen werden sich diesem Satze entsprechend bei Läsionen mehr

oder minder widerstandsfähig verhalten. Ich bin geneigt, den Fall des Advocaten bei Marcé,[1]) in dessen Aphasie das Schreiben nach dem Gehör besonders wenig geschädigt war, mit dem Autor auf die Einübung dieser Leistungen beim Aufnehmen der Informationen zu beziehen. Dass manche Symptome der Aphasie bei Hochgebildeten anders ausfallen als bei wenig Sprachfähigen, ist wohl zu erwarten und wäre im Einzelnen zu verfolgen.

3. Dass das intensiv Associirte auch als Ergebniss eines seltenen Sprachvorganges eine die Läsion überdauernde Kraft gewinnt, habe ich vorhin bei Erwähnung der Sprachreste, welche nach Hughlings Jackson letzte Worte sind, angeführt.

4. Es ist ferner bemerkenswerth, dass Wortvorstellungen, die zu Reihen associirt sind, besser erhalten werden als einzelne, und dass Worte desto leichter erhalten bleiben, je weitläufiger ihre Associationen sind. Ersteres gilt z. B. für die Zahlenreihe, die Reihe der Wochentage, Monate u. s. w. Der Kranke Grashey's konnte eine verlangte Zahl nicht direct angeben, er half sich dadurch, dass er von Anfang an zählte, bis er die verlangte Zahl erreicht hatte. Mitunter kann die ganze Associationsreihe hergesagt werden, aber nicht ein einzelnes Glied derselben, wofür Kussmaul u. A. reichliche Beispiele erbringen. Ja, es kommt selbst vor, dass Personen, die nicht ein Wort für sich herausbringen, den ganzen Text zu einem Liede singen können.

5. Bei der Redestörung in Folge von Asymbolie sieht man deutlich, dass diejenigen Worte am ehesten verloren gehen, welche die engste Bedeutung haben, d. h. die nur von wenigen und bestimmten Objectassociationen aus aufzufinden sind. — Eigennamen werden schon bei physiologischer Amnesie am ehesten vergessen, bei Asymbolie leiden zunächst die Hauptwörter, dann Eigenschaftswörter und Zeitwörter.[2])

---

[1]) Bei Bastian, On the various forms etc. 1869.
[2]) Vgl. hierzu Broadbent, A case of peculiar affection of speech with commentary. Brain I, 1878—1879, pag. 494.

6. Die Einflüsse der Ermüdung bei längeren Associationsvorgängen, der herabgesetzten Dauer der Sinneseindrücke, der wechselnden und unsteten Aufmerksamkeit sind Momente, die bei der Ausprägung einer Sprachstörung oft sehr auffällig in Betracht kommen, aber keiner besonderen Belege bedürfen.

Die meisten der hier zusammengestellten Momente ergeben sich aus den allgemeinen Eigenschaften eines auf Association eingerichteten Apparates und haben in ähnlicher Weise für die Leistungen anderer Hirnbezirke unter pathologischen Verhältnissen Geltung. Vielleicht das auffälligste Gegenstück zur Rückbildung der Anordnungen im Sprachbezirk bietet der Verlust des gesammten Gedächtnisses, also aller Rindenassociationen bis zu einer bestimmten früheren Epoche, welcher gelegentlich nach Kopftrauma beobachtet worden ist.

Wir haben bereits mehrmals die drei Stufen verminderter Functionsfähigkeit besprochen, welche Ch. Bastian für die Centren der Sprache aufgestellt hat. Wir können dieselben annehmen, auch wenn wir von Centren der Sprache im physiologischen Sinne absehen, indem wir sagen, der optische, akustische, kinästhetische Bestandtheil des Sprachapparates sei noch unter diesen oder jenen Bedingungen leistungsfähig. Dabei wollen wir noch im Auge behalten, dass die Bastian'schen Modificationen hauptsächlich für Läsionen nicht völlig destruirender Natur gerade unserer Centren Geltung haben werden, denn wenn die Läsion nicht alle Sprachelemente einer Herkunft betrifft, wie dies bei ihrem Sitz an den Sammelpunkten der Fall ist, wird die Function des intact gebliebenen Nervengewebes die des beschädigten ersetzen und deren Schädigung verdecken. Hinter einer solchen Behauptung steckt natürlich die Anschauung, dass eine einzelne Nervenfaser und Nervenzelle nicht für eine einzige Sprachassociationsleistung in Anspruch genommen wird, sondern dass hier ein complicirteres Verhältniss obwaltet.

Die Bastian'schen Modificationen stellen in gewissem Sinne gleichfalls Grade von Dis-involution, functioneller Rückbildung dar. Ich halte es aber für zweckmässig, dieselben für jedes Element der Sprachassociationsthätigkeit besonders in Erörterung zu ziehen.

1. Das akustische Element ist das einzige, welches auf drei verschiedene Arten von Anregung hin arbeitet. Die von Bastian „willkürlich" genannte besteht in der Anregung von den Objectassociationen, genauer ausgedrückt von aller anderen Rindenthätigkeit her. Sie ist, wie wir gehört haben, diejenige, welche bei Schädigung des akustischen Centrums am leichtesten versagt, woraus eine partielle asymbolische Störung resultirt. Die Kundgebung letzterer besteht in Störung der spontanen Sprache und des willkürlichen Nennens von Gegenständen, in leichtesten Fällen in Schwierigkeit des Auffindens von Worten enger Bedeutung und geringer Associationsweite.

Die associative Thätigkeit des akustischen Elementes steht im Mittelpunkte der gesammten Sprachfunction. Einen Fall von willkürlichem Versagen bei Erhaltung der Associationsfähigkeit mit dem visuellen Element illustrirt das Beispiel von Grashey und das von Graves. Beispiele dafür, dass das akustische Element keine Association mehr leistet, während es noch auf directen Anreiz arbeitet, kann ich nicht auffinden; ein solcher Zustand fällt wahrscheinlich mit der völligen Leistungsunfähigkeit zusammen, da die Arbeit des akustischen Centrums in der Association und nicht in einer Uebertragung auf eine zur Peripherie laufende Bahn besteht. Dagegen mag der Fall vorkommen, dass das akustische Element auf peripherische Anregung zwar noch Verbalassociationen, aber nicht mehr die Symbolassociation herzustellen vermag. Diese Störung würde sich wiederum durch Asymbolie (Lichtheim's transcorticale sensorische Aphasie) verrathen. Wir sind geneigt, daraus zu schliessen, dass letztere Form der Sprachstörung sowohl durch eine Läsion im akustischen Centrum selbst, als durch eine entferntere Läsion zwischen akustischem

Centrum und optischem Rindengebiet erzeugt werden kann. Im ersteren Falle wäre sie functionell, im zweiten topisch begründet.

Die Unerregbarkeit der akustischen Elemente, die sich als Worttaubheit kundgibt, ist wohl jedesmal als topisches Symptom zu deuten. Eine Ausnahme scheint für jene ziemlich dunklen Fälle zu gelten, die ich nur bei Arnaud[1]) erwähnt finde und als Wortschwerhörigkeit bezeichnen möchte. Ihre Auffassung muss davon ausgehen, dass sie jedesmal einen erheblichen Grad von gemeiner und doppelseitiger Schwerhörigkeit aufweisen. Diese Kranken sprechen völlig correct, verstehen aber nur mühsam bei besonders langsamer und deutlicher Articulation des Vorgesprochenen. Da sie dann ein lückenloses und unbedenkliches Sprachverständniss zeigen, muss man von der Annahme einer centralen Läsion im akustischen Sprachgebiete absehen. Der Unterschied im Verhalten dieser Kranken von dem gemein Schwerhörigen liegt nur darin, dass letztere gleichzeitig mit dem Hören verstehen, d. h. associiren, während bei ersteren das Sprachverständniss erst beginnt, wenn der peripherische Reiz gewisse Schwellenwerthe überschritten hat.

Das Wortverständniss bei peripherischer Anregung haben wir uns wahrscheinlich nicht als blosse Fortleitung von den akustischen Elementen zu denen der Objectassociationen zu denken; vielmehr dürfte beim verständnissvollen Anhören einer Rede von den akustischen Elementen aus gleichzeitig die Verbalassociationsthätigkeit angeregt werden, so dass wir das Gehörte innerlich in gewissem Masse nachsprechen und dann das Verständniss gleichzeitig auf unsere Sprachinnervationsgefühle stützen. Ein höherer Grad von Aufmerksamkeit beim Zuhören wird mit einer erheblicheren Uebertragung des Gehörten auf die motorische Sprachbahn einhergehen. Man kann sich vorstellen, dass Echolalie dann eintritt, wenn sich der Associations-

---

[1]) Arnaud, Contribution à l'étude clinique de la Surdité verbale. Arch. de Neurol. Mars 1877.

leitung zu den Objectassociationen hin ein Hinderniss entgegenstellt, wo dann die gesammte Erregung sich in stärkerem, also lautem Nachsprechen äussert.

2. Das visuelle Element steht nicht in directer Verbindung mit den Objectassociationen (unsere Schriftzeichen sind nicht wie die anderer Völker directe Symbole von Begriffen, sondern von Klängen); es entfällt also bei ihm die Würdigung der willkürlichen Anregung. Es tritt zumeist auf peripherische Anregung in Thätigkeit, und der Fall, dass es blos associativ in Anspruch genommen wird, liegt beim spontanen Schreiben vor. Als Ausdruck der Schädigung des visuellen Sprachelementes darf nur das Nichterkennen von Buchstaben betrachtet werden, da das „Lesen" eine weit complicirtere Function ist, welche bei sehr mannigfachen Läsionen geschädigt werden kann. Hier scheint nun der abnorme Fall vorzukommen, dass ein Element nicht mehr zur peripherischen Anregung geeignet ist, associative aber noch gestattet. Es gibt nämlich Fälle, wo Buchstabenbilder nicht erkannt werden, dabei aber gut geschrieben wird. Wernicke nennt solche Fälle subcorticale Alexie und erklärt sie localisatorisch, durch topische Momente der Läsion. Er unterscheidet drei Störungen des Lesens, bei denen der sonstige Wortbegriff (C) intact ist (Fig. 10). 1. Die corticale Alexie charakterisirt durch aufgehobene Fähigkeit zu lesen und zu schreiben. 2. Die subcorticale Alexie: Aufgehobene Fähigkeit zu lesen. Schreiben ohne jede Störung mit Ausnahme des Schreibens nach Vorlage. 3. Transcorticale Alexie: Aufgehobene Fähigkeit zu lesen und zu schreiben bis auf das erhaltene Vermögen, Gedrucktes und Geschriebenes mechanisch zu copiren.

Der Einwand gegen das Schema für die Störungen des Buchstabenlesens ist ein einfacher. Wenn die Unterbrechung bei der subcorticalen Alexie auf der peripherischen Bahn sitzt, die zu α führt, so gelangt von dem vorgelegten Buchstaben kein Eindruck in die Rinde, er wird nicht gesehen und kann daher auch nicht nachgeahmt werden. Es müsste denn sein, dass jeder solche Buchstabe auf zwei

Bahnen gesehen wird, von denen ihn die eine als gewöhnliches visuelles Object, die andere als Sprachsymbol auffasst. Bei der sogenannten subcorticalen Worttaubheit konnte dieser Einwand nicht gemacht werden, denn das nicht gehörte Wort wird auch nicht nachgesprochen. Da der nicht erkannte Buchstabe aber nachgeahmt werden kann, ist die Annahme, dass er in Folge einer Läsion vor α nicht erkannt wird, ausgeschlossen; es handelt sich um keine Störung in der Wahrnehmung, sondern um eine Störung in der Association. Wernicke unterscheidet allerdings zur Rettung seines Erklärungsversuches „Copiren" von „Nachzeichnen". Aber ich halte dafür, dass für beide motorischen Leistungen die Unterbrechung vor α ein Hinderniss abgibt, wenn wir nicht in der That annehmen, dass ein Buchstabenbild auf zweierlei peripherischen Bahnen ins Gehirn gelangt, als gemeines Object und als Object für die Sprache.[1])

Fig. 10.

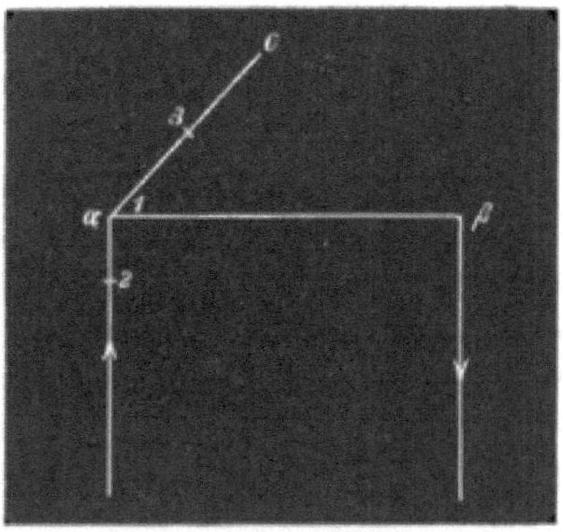

Wernicke's Schema der Lesestörungen (Die neueren Arbeiten über Aphasie, Fortschritte der Medicin, 1886, p. 464). α das optische Schriftbild, β das motorische Centrum der Schreibbewegungen, $c = a + b$ der Wortbegriff.

Das Copiren unterscheidet sich vom Nachzeichnen entweder blos graduell durch die grössere Leichtigkeit, die das Verständniss der Vorlage mit sich bringt,

---

[1]) Man könnte den Einwand erheben, dass dieser Fall thatsächlich vorliegt, da diese Alexie meist neben rechtsseitiger Hemianopsie gefunden wird. Der Buchstabe würde mit der linken Hemisphäre als Object für die Sprache, mit der rechten als gemeines Sehobject aufgefasst werden. Allein, dann müsste jede rechtsseitige Hemianopsie mit Alexie complicirt sein, was nicht der Fall ist.

es ist sonst dieselbe Handlung und vollzieht sich auf derselben Bahn. Jeder von uns wird zum Nachzeichnen ihm unverständlicher Zeichen einen hohen Grad von Aufmerksamkeit brauchen, der bei den Aphasischen im Allgemeinen schwer zu Stande kommen wird. Oder aber das Copiren besteht in einer Umsetzung der Druckbilder der Buchstaben in Schriftbilder. Dieselbe erklärt sich daraus, dass wir Druck- und Cursivschrift lesen, aber nicht Druckschrift schreiben lernen, und zeigt sich unabhängig von dem Verständniss des Gelesenen. Ein kleiner Patient Bernard's (Obs. V) war durch die Leichtigkeit und Sicherheit auffällig, mit der er beim Copiren diese Umsetzung vollzog, ohne im mindesten lesen zu können, was er copirte.

Ich glaube die Erklärung der sogenannten subcorticalen Alexie anderswo suchen zu müssen. Wir erhalten beim Schreiben wie beim Sprechen kinästhetische Empfindungen von den Bewegungen, welche die betreffenden Muskeln ausführen. Die kinästhetischen Empfindungen der Hand sind aber deutlicher und intensiver als die der Sprachmusculatur, sei es weil wir diesen Empfindungen der Hand auch für andere Functionen einen grossen Werth beizulegen pflegen, sei es, weil sie noch mit visuellen Eindrücken verknüpft sind. Wir sehen uns nämlich schreiben, sehen uns aber nicht sprechen. Wir sind darum im Stande, direct von den Klangbildern aus mit Hilfe der kinästhetischen Empfindungen zu schreiben und das visuelle Element dabei zu umgehen.

Bei der subcorticalen Alexie dürfen wir annehmen, dass es sich um eine extreme Läsion im Sprachfelde handle, da sie so häufig mit Hemianopsie zusammen vorkommt. Der gesammte motorische Theil des Apparates kann also bei ihr intact, und das Schreiben auf directem Wege von den Klangbildern her möglich sein. In einigen dieser Fälle subcorticaler Alexie wird, wie bereits früher erwähnt, schreibend gelesen; die der directen Association mit dem akustischen Element unfähigen Buchstabenbilder werden durch die beim Nachzeichnen geweckten kinästhetischen

Empfindungen in diese Association, und somit zum Verständniss gebracht. Fast alle Autoren, welche von den Schreib- und Lesestörungen bei gemischter Aphasie Beispiele aufführen, geben an, dass die Schreibstörung dabei eher mit der motorischen Sprachstörung, als mit der Lesestörung gleichen Schritt hält. Dies wäre unmöglich, wenn sich das Schreiben bei Geübteren nicht unabhängig von den Buchstabenbildern gestaltet hätte. Ich glaube, auch die Selbstbeobachtung zeigt, dass man sich ausser bei Fremdwörtern, Eigennamen und Worten, die man nur lesend gelernt hat, beim spontanen Schreiben nicht an das visuelle Element anlehnt.[1]

Die Störung im Buchstabenerkennen bringt natürlicherweise auch die Unfähigkeit zu lesen mit sich. Dagegen kann Lesestörung bei erhaltenem Vermögen die Buchstaben zu erkennen vorhanden sein, und zwar in Folge sehr verschiedenartiger Läsionen und Zustände, wie aus den früheren Bemerkungen über die verwickelten Associationsvorgänge beim Leseacte leicht begreiflich wird. Die Lesestörung kann blos Folge einer leichten Erschöpfbarkeit der visuellen Function sein, ohne dass dabei motorische Aphasie oder akustische Associationsstörung besteht (z. B. ein Fall von Bertholle bei Bernard; die von Berlin[2] sogenannte Dyslexie). Man wird diesen Fall daran erkennen, dass der Leseunfähigkeit ein für kurze Zeit gelingender Buchstabirversuch vorausgeht, und ihn in dem Sinne deuten, dass das geschädigte visuelle Element zwar der einfacheren Leistung, die visuellen Bilder einmal mit dem akustischen oder kinästhetischen Element zu associiren, gewachsen ist, der mehrfachen Wiederholung und richtigen Anordnung

---

[1] Ich glaube, manche physiologische und individuelle Eigenthümlichkeit des Gedächtnisses erklärt sich aus der wechselnden Rolle der einzelnen Erinnerungselemente. Man kann ein sehr gutes Gedächtniss besitzen und doch Eigennamen und Zahlen nicht behalten können. Personen, welche sich durch ein besonderes Namen- und Zahlengedächtniss auszeichnen, sind visuelle, d. h. sie erinnern sich mit Vorliebe in Objectbildern, auch wenn sie in Klangbildern denken.

[2] Berlin, Eine besondere Art der Wortblindheit (Dyslexie) 1887.

dieser Leistungen aber, — welche, um zum Lesen zu führen, noch mit einer gewissen Raschheit ablaufen müssen, — nicht nachzukommen vermag. Es ist dies ein Fall von Verlust der complicirteren Leistung bei Erhaltung der einfacheren. Die Lesestörung kann ebensowohl Ergebniss einer Schädigung des motorischen und anderemale des akustischen Sprachelementes sein, wobei natürlich eine diagnostische Bedeutung derselben wegfällt. Ich glaube, man kann im Allgemeinen behaupten, dass motorische Aphasie sowohl das Leseverständniss wie das sogenannte mechanische Lesen aufhebt, da das Leseverständniss erst nach der Uebertragung der Erregung von den visuellen Elementen auf die motorischen durch die Association letzterer mit den akustischen Elementen zu Stande kommt. Bei akustischer Läsion dagegen, sowie bei Asymbolie kann das rein mechanische Lesen erhalten bleiben. Im Uebrigen bereitet die Erklärung der Lesestörungen, auf die ich im Einzelnen einzugehen nicht beabsichtige, manche Schwierigkeiten, die weder durch blos topische Momente noch durch die Annahme bekannter Functionsveränderungen zu erledigen sind. Es bleiben in complexen Fällen bald diese, bald jene Stücke der Function erhalten, wahrscheinlich je nachdem von den Elementen, die zur Association nach einer bestimmten Richtung dienen, hier oder dort eine grössere Anzahl leistungsfähig geblieben ist.

3. Das motorische Element (Innervations- und Bewegungsbild) bietet unserer Betrachtung geringere Schwierigkeiten. Wir nehmen an, dass für dasselbe willkürliche und associative Anregung meist zusammenfällt, da beim spontanen Sprechen über die Klangbilder gesprochen wird. Auch die sogenannte peripherische Anregung ist eine Association, da sie entweder (beim Nachsprechen) von dem akustischen, oder (beim Lautlesen) vom visuellen Elemente her erfolgt. Es scheint der Fall vorzukommen, dass letztere Anregung Erfolg hat, während die erstere versagt und umgekehrt. In der sogenannten transcorticalen motorischen Aphasie haben wir den Fall kennen gelernt, dass das

motorische Element auf peripherisch-associative Anregung noch leistungsfähig ist, während es auf willkürlich-associative versagt.

Im Uebrigen bietet die Auffassung der ältest- und best-bekannten Form der Sprachstörung, der motorischen Aphasie, mehr Schwierigkeiten, als man meinen sollte. Wir haben der Unsicherheit bereits Erwähnung gethan, ob bei motorischer Aphasie die symbolische Associationsleistung (willkürliches Erwecken der Klangbilder) in der That ungeschädigt ist. Die Sicherstellung des Gegentheils würde zeigen, dass Ausschaltung des motorischen Elementes einen ebensolchen schwächenden Einfluss auf die Function des akustischen Elementes hat, wie wir ihn in umgekehrter Einwirkung bereits lange kennen. Unerklärt sind ferner die Fälle von motorischer Aphasie mit Buchstabenblindheit, die man kaum auf zufälliges Zusammentreffen beziehen kann.[1]) Endlich harrt die Thatsache einer befriedigenden Aufklärung, dass die Fälle von totalem motorischen Sprach-verlust so häufig sind, die von Einschränkung des Sprach-schatzes auf die Hälfte, ein Drittel so gut wie gar nicht vorkommen. Fälle letzterer Art stellen sich bei genauerer Analyse stets als sensorische Aphasien heraus. Es scheint, dass, sobald eine Läsion geeignet ist, die motorische Sprach-leistung zu stören, sie dieselbe meist auch vollständig (bis auf die bekannten kärglichen Sprachreste) vernichtet.

Es gibt hier sozusagen keine Parese, sondern blos eine Paralyse. Auch die Unfähigkeit der meisten Fälle von motorischer Aphasie zur Besserung verdient Beachtung. Die-selbe steht in grellem Gegensatze zur plötzlichen und völligen Wiederkehr der Sprache in anderen Fällen. Dass eine Sprach-losigkeit in den ersten Tagen nach der Erkrankung keiner-lei diagnostische Bedeutung besitzt, ist selbstverständlich. Eine solche kann erfolgen, wo immer die Läsion sitzen mag, und begreift sich aus der Erschütterung des Apparates, der bis dahin gewöhnt war, mit allen seinen Mitteln zu arbeiten.

---

[1]) Einen anderen solchen Fall bei Bernard (l. c.), p. 125.

4. Auf eine ähnliche Erörterung für das cheiromotorische Element gedenke ich nicht einzugehen. Einige für dasselbe wichtige Bemerkungen sind bei der Erörterung der visuellen Sprachthätigkeit vorgebracht worden.

Dagegen muss ich einen interessanten und wichtigen Gesichtspunkt würdigen, dessen Einführung in die Lehre von der Aphasie wir Charcot[1]) verdanken, weil dessen Annahme uns nöthigen würde, unsere Erklärungsbemühungen in noch höherem Masse einzuschränken. Wir sind von der Voraussetzung ausgegangen, dass trotz einer allseitigen Associationsmöglichkeit zwischen den Elementen der Sprachfunction doch bei der functionellen Thätigkeit gewisse Associationsrichtungen bevorzugt sind, so dass die Pathologie der Sprachstörungen nicht mit allen möglichen, sondern nur mit einer bestimmten Anzahl von Associationen zwischen den Sprachelementen zu rechnen hat. Wir haben ferner angenommen, dass dies jene Associationsrichtungen sind, welche beim Erlernen der Sprachleistungen in Betracht kamen. Für die Auffassung Charcot's besteht eine solche allgemein giltige Auszeichnung einzelner Associationsrichtungen nicht; alle Verknüpfungen zwischen den Sprachelementen erscheinen zunächst gleich functionsberechtigt, und es ist der individuellen Einübung oder der individuellen Organisation überlassen, dieses oder jenes der Sprachelemente zum Zusammenhalt, zum Knoten für die anderen zu machen. Demnach spräche, schriebe, läse der Eine vorwiegend oder ausschliesslich mit Hilfe seiner kinästhetischen Empfindungselemente, der Andere bediente sich zu demselben Zwecke der visuellen u. s. w. Eine durchgehende Abhängigkeit der Sprachassociationsthätigkeit von der Betheiligung der akustischen Elemente würde entfallen.

Man sieht leicht ein, wie sich unter Voraussetzung einer solchen Beziehung die Sprachstörungen bei denselben

---

[1]) Charcot, Neue Vorlesungen etc. 1886. — Ausserdem die Arbeiten seiner Schüler Ballet, Bernard und Marie.

Läsionen verschieden gestalten müssten. Wer ein „motorischer Sprecher" ist, der könnte eine Schädigung der akustischen und visuellen Elemente mit kaum merklichem Effecte vertragen; eine Schädigung des motorischen Elementes würde ihn nahezu aller Sprachleistungen, nicht nur der motorischen, berauben. Ein „visueller" Sprecher würde in Folge einer Läsion des visuellen Elementes nicht nur buchstabenblind, er könnte sich des ganzen Sprechapparates nicht mehr oder nur in kümmerlichster Weise bedienen. Die Diagnostik der Aphasie würde in die gröbsten Irrthümer verfallen, wenn sie aus dem Functionsausfall einen Schluss auf Sitz und Ausdehnung der Läsion machen wollte, ohne sich vorher der Kenntniss der individuellen Bevorzugung eines einzelnen Elementes versichert zu haben. Diese Kenntniss wäre in den seltensten Fällen zu erwerben.

Es hat noch Niemand den erwähnten Gesichtspunkt Charcot's gänzlich abweisen wollen. Es steht aber doch dahin, wie weit dessen Bedeutung für die Lehre von den Sprachstörungen reichen mag. Extreme Forderungen, wie sie z. B. von Stricker[1]) für den hervorragenden Werth des motorischen Elementes beim Sprechen erhoben worden sind, hat Ch. Bastian mit der Bemerkung zurückgewiesen: er warte zunächst, bis ihm ein Fall gezeigt werde, dass ein Mensch nach Zerstörung der Broca'schen Stelle worttaub geworden sei. Ich glaube, dass die Pathologie der Sprachstörungen bisher keinen Anlass gefunden hat, der Vermuthung Charcot's eine grosse Bedeutung für die grobe Erscheinung des Functionsausfalles einzuräumen. Es ist ja auch die Möglichkeit nicht auszuschliessen, dass eine solche gewohnheitsmässige Bevorzugung des einen oder anderen Elementes der Sprachassociation besteht, so lange der Sprachapparat über alle seine Mittel verfügt, dass aber in Fällen von Erkrankung, bei allgemeiner Herabsetzung der Associationsleistung, die Bedeutung der ursprünglich eingeübten Associationsrichtungen wieder her-

---

[1]) Stricker, Studien über die Sprachvorstellungen 1880.

vortritt. Gewiss wäre es aber Unrecht, an die Idee
Charcot's ganz zu vergessen und sich zu einer schematischen Starrheit in der Deutung der Sprachstörungen
verführen zu lassen. „Different amounts of nervous arrangements in differents positions are destroyed with different
rapidity in different persons" sagt Hughlings Jackson.

———

Wir können nun den Weg übersehen, den wir in
dieser Abhandlung zurückgelegt haben: Wir sind von der
Entdeckung Broca's ausgegangen, der zuerst eine
bestimmte Form von Sprachstörung, die motorische
Aphasie (die er Aphemie nannte), an die Läsion einer
bestimmten Hirnrindenstelle geknüpft hat. Indem Wernicke
diese That für eine zweite Form der Aphasie wiederholte,
war der Weg eröffnet, verschiedene Sprachstörungen durch
verschiedene Localisationen der Läsion zu erklären.
Wernicke unterschied in aller Strenge Centren und
Leitungsbahnen der Sprache, charakterisirte die Centren
als Ablagerungsstätten von Erinnerungsbildern und stellte
neben den beiden früher erwähnten Hauptformen eine
Leitungsaphasie auf. Indem dann Lichtheim auf die
wahrscheinlichen Verbindungen der Sprachcentren mit der
übrigen Hirnrinde Rücksicht nahm, vermehrte er die Anzahl der Leitungsaphasien und versuchte eine grössere
Mannigfaltigkeit der Formen von Sprachstörung als subcorticale und transcorticale Aphasien zu erklären. Somit
war ein Gegensatz von Centrumaphasien und Leitungsaphasien als Schlüssel zum Verständniss der Sprachstörungen gegeben. Andererseits verliess Grashey in der
Erklärung der Amnesien ganz den Boden der Erklärung
durch Localisation und führte eine Classe von Sprachstörungen in einer scharfsinnigen Analyse auf Veränderung
einer functionellen Constanten im Sprachapparat zurück.
Damit schieden sich die Sprachstörungen in zwei Classen,
die Aphasien durch localisirte Läsion und die Amnesien
durch nirgends localisirte functionelle Veränderung.

Zusammenfassung.

Wir sind von der Absicht ausgegangen zu prüfen, ob die Localisation wirklich so viel für die Erklärung der Sprachstörungen zu leisten vermöge, worin die Frage eingeschlossen war, ob man berechtigt ist, Centren und Leitungsbahnen der Sprache und denselben entsprechende Sprachstörungen zu unterscheiden. Wir haben zunächst die Leitungsaphasie Wernicke's analysirt und gefunden, dass dieselbe nach Wernicke's Schema selbst andere Charaktere haben sollte, als er ihr zuschreibt, Charaktere, die man übrigens wahrscheinlich niemals verwirklicht finden wird. Nun haben wir uns einer Leitungsaphasie Lichtheim's, der sogenannten transcorticalen motorischen Aphasie zugewendet und auf Grund von mehreren Sectionsbefunden dargethan, dass dieselbe in einer Läsion der Centren selbst (des motorischen oder sensorischen) und nicht einer Leitungsbahn begründet ist, ja dass die Bahn, durch deren Läsion Lichtheim diese Form erklärt, wahrscheinlich gar nicht existirt. Im Verlaufe der Arbeit haben wir dann noch andere sub- und transcorticale Aphasien in Erwägung gezogen und jedesmal gefunden, dass es sich bei ihnen um Läsionen der Rinde selbst handle. Nur der transcorticalen sensorischen Aphasie haben wir unter dem Namen der „Asymbolie" eine besondere Localisation zugestehen müssen. Ein Fall von Heubner bot unseren Ansichten eine geradezu unersetzliche Stütze. Wir bedurften aber einer Erklärung dafür, dass Läsionen von gleicher Lage (nur in der Hirnrinde selbst gelegen) so verschiedene klinische Bilder machen, und suchten dieselbe in der Annahme, dass die sogenannten Sprachcentren auf unvollständig destruirende Läsionen als Ganzes mit einer Functionsveränderung reagiren. Die Arten dieser Functionsveränderung entnahmen wir Ch. Bastian, der drei pathologische Zustände eines Centrums kennt: 1. dessen Unerregbarkeit auf willkürliche Anregung bei Erhaltung der Erregbarkeit auf associativem Wege und auf sensibeln Reiz; 2. dessen Unerregbarkeit ausser durch sensibeln Reiz; 3. dessen völlige Unerregbarkeit.

Während wir so zur Erklärung der sogenannten Leitungsaphasien functionelle Momente heranzogen, mussten wir bestreiten, dass Grashey die Erklärung eines Falles von Amnesie durch Functionsveränderung allein gelungen wäre. Wir wiesen auch hier das topische Moment der Läsion nach und erklärten den Fall Grashey's mit Zuhilfenahme einer der Bastian'schen Modificationen. Somit hatten wir die Unterscheidung von Centrum- und Leitungsaphasie und die Trennung von Aphasien und Amnesien verworfen. Es oblag uns nun die Aufgabe, eine andere Vorstellung vom Bau des Sprachapparates zu gewinnen und anzugeben, in welcher Weise topische und functionelle Momente bei den Störungen desselben zur Geltung kommen.

Wir haben also, nach einer kritischen Abschweifung zur Meynert'schen Lehre vom Gehirnbaue und von der Localisation der Vorstellungen in der Rinde, der Reihe nach die Annahmen zurückgewiesen, dass man die Erinnerungsbilder, mit denen die Sprachfunction arbeitet, anderswohin verlegen dürfe als den Vorgang, durch welchen dieselben associirt werden, dass die Association durch subcorticale weisse Bündel besorgt werde, und dass die abgegrenzten Sprachcentren durch ein functionsloses Gebiet getrennt werden, welches der Besetzung durch neue Erwerbungen harrt. Zu unserer Vorstellung vom Bau des Sprachapparates verhalf uns die Wahrnehmung, dass die sogenannten Sprachcentren nach aussen (randwärts) an andere Rindencentren, die für die Sprachfunction bedeutsam sind, anstossen, während sie nach innen (kernwärts) ein von der Localisation unbelegtes Gebiet umgrenzen, das wahrscheinlich gleichfalls Sprachfeld ist. Der Sprachapparat enthüllte sich uns also als ein zusammenhängendes Stück Rindengebiet in der linken Hemisphäre zwischen den Rindenendigungen des Hör- und Sehnerven, der motorischen Sprach- und Armfasern. Die diesen Rindenfeldern anstossenden Stücke des Sprachfeldes erlangen — in nothwendig unbestimmter Begrenzung — die Bedeutung von Sprachcentren im Sinne der pathologischen Anatomie, nicht der Function, weil deren Läsion eines der Elemente der Sprachassociation von der Verknüpfung mit den anderen ausschliesst, was einer im Sprachfeld central gelegenen Läsion nicht mehr gelingt. Wir fügten die Annahme hinzu, dass dieses Sprachfeld durch weisse Fasern aus der grossen Gehirncommissur auch mit den Rindenfeldern der rechten Hemisphäre zusammenhängt, und dass diese Verbindungen gleichfalls in die periphersten Theile des Sprachfeldes (die Sprachcentren!) einstrahlen. Innerhalb dieses Sprachfeldes anerkannten wir nur Leitungsaphasien — Aphasien durch Associationsunterbrechung, und wir gestanden keiner subcorticalen Läsion die Eignung zu, Aphasie zu erzeugen, da das Sprachfeld nur eine ihm eigene Bahn zur Peripherie hat, das Bündel, welches durch das Knie der inneren Kapsel geht, und dessen Läsion sich durch Anarthrie verräth.

Indem wir dann die Wirkung von Läsionen auf diesen Apparat in Betracht zogen, sahen wir, dass Läsionen dreierlei Arten von Aphasie erzeugen können: 1. rein verbale, 2. asymbolische und 3. agnostische Aphasie. Die Auffindung der letzteren war eine nothwendige Forderung unserer Theorie, nach welcher die gleichzeitige Zerstörung des rechten und linken Rindenfeldes für eines der in die Sprachassociation verwobenen Elemente die gleiche Consequenz haben musste wie die Zerstörung des einseitigen Knotenpunktes für dieses Element.

In psychologischer Hinsicht haben wir das Wort als einen Vorstellungscomplex erkannt, der an seinem sensibeln Ende (vom Klangbild aus) mit dem Complex der Objectvorstellungen zusammenhängt. Die verbale Aphasie haben wir als eine Störung innerhalb des Wortcomplexes, die asymbolische Aphasie als eine Abtrennung desselben von den Objectassociationen, und die agnostische Aphasie als eine rein functionelle Störung des Sprachapparates bezeichnet.

Endlich hat sich uns Folgendes als massgebend für die Einwirkung von Läsionen auf den so aufgebauten Sprachapparat ergeben: Es handelt sich darum, ob die Läsion vollständig oder unvollständig destructiv, und ob sie im Innern oder an der Peripherie des Sprachfeldes gelegen ist. Ist sie an der Peripherie des Sprachfeldes gelegen (also in einem der sogenannten Sprachcentren), so wirkt sie topisch; je nachdem sie dann vollständig oder nur unvollständig destruirt, ergibt sie blos einen Ausfall eines der Elemente der Sprachassociation, oder versetzt dieses Element in einen veränderten Functionszustand, wie er durch die Bastian'schen Modificationen beschrieben ist. Sitzt die Läsion im Sprachfelde central, so erleidet der gesammte Sprachapparat Functionsstörungen, die sich aus seiner Natur als Associationsmechanismus ergeben, und deren Aufzählung wir versucht haben.

Ich weiss wohl, dass die vorstehenden Auseinandersetzungen dem Leser keinen befriedigenden Eindruck hinterlassen haben können. Ich habe eine bequeme und ansprechende Theorie der Sprachstörungen zu erschüttern gesucht, und wenn mir dies gelungen ist, nur minder Anschauliches und minder Vollständiges an die erledigte Stelle bringen können. Ich hoffe nur, dass die Auffassung, die ich vertreten habe, den wirklichen Verhältnissen besser gerecht wird, und die wirklich vorhandenen Schwierigkeiten besser ins Licht setzt. An solche klar bezeichnete Probleme knüpft ja die weitere Erhellung eines wissenschaftlichen Themas an. Den Kern meiner Meinung möchte ich noch einmal in einigen kurzen Sätzen ausdrücken: Die früheren Autoren über Aphasie, denen nur von einer Stelle in der Grosshirnrinde eine besondere Beziehung zur Sprachstörung bekannt war, sahen sich durch diese Unvollständigkeit ihres Wissens gedrängt, die Erklärung der Mannigfaltigkeit der Sprachstörungen in den functionellen Eigenthümlichkeiten des Sprachapparates zu suchen. Nachdem Wernicke die Beziehung der nach ihm benannten Stelle zur sensorischen Aphasie entdeckt hatte, musste sich die Hoffnung ergeben, diese Mannigfaltigkeit ganz aus Verhältnissen der Localisation zu verstehen. Es scheint uns nun, dass hierbei die Bedeutung des Momentes der Localisation für die Aphasie überschätzt worden ist, und dass wir Recht daran thun werden, uns wiederum um die Functionsbedingungen des Sprachapparates zu bekümmern.